Bibliografische Information der Deutschen Nationalbibliothek
Die Deutsche Nationalbibliothek verzeichnet diese Publikation in der Deutschen
Nationalbibliografie; detaillierte bibliografische Daten sind im Internet über
http://dnb.d-nb.de abrufbar.

AF222974

Impressum

© 2009 Birgit Peters

Herstellung und Verlag:
Books on Demand GmbH, Norderstedt
ISBN: 9783837034516

Birgit Peters

Gedankenseifenblasen

Texte und „Lieder ohne Noten"

Widmung

Diese Buch widme ich allen Geplagten, Verschütteten und Verzweifelten auf dieser Welt. Allen Existenzgründern ohne Erfolg und allen Kranken ohne Hoffnung. Gebt nicht auf. Egal was kommt, es geht weiter. Ich spreche aus Erfahrung

Natürlich widme ich es meiner Familie und meinem lieben Schatz für die Unterstützung und das Mut machen.

Inhaltsverzeichnis

Vorwort

Schon immer habe ich gern geschrieben und meine Gedanken zu Papier gebracht. So kam im Laufe einiger Jahre doch eine beachtliche Sammlung zusammen. Ich nenne meine Texte Gedankenseifenblasen. Nicht alle Gedanken und Erlebnisse kann man für die Ewigkeit konservieren, genau wie man Seifenblasen nicht konservieren kann. Vieles, was einem so durch den Kopf schießt, ist es auch nicht wert, festgehalten zu werden, doch bei einigem, so denke ich, ist es sinnvoll, es weiterzugeben, um auch andere Menschen zum Nachdenken anzuregen. Manchmal nehme ich meine Mitmenschen auch ein wenig auf die „Schippe" und ich spare auch nicht mit Kritik. Ob ich die Welt verbessern möchte? Würde ich gern, wenn ich ehrlich bin, aber dafür fehlen mir die geeigneten Mittel. Aber Ihr könntet es vielleicht, wenn ihr helft, diese Büchlein in die Welt zu tragen und damit den Menschen die Augen zu öffnen.
.

Da ich mir meine Gedanken, Texte und Verse, auch meine Lieder, nicht nur einfach so in Reih und Glied gedruckt vorstellen konnte, habe ich sie eingepackt zwischen meine zu Buchstaben, Silben, Wörtern und Sätzen formulierten Gedankengespinste und ein wenig meiner bewegten Biografie.

Mein Leben war alles andere als leicht und doch habe ich nie aufgegeben. Wenn mich etwas mental sehr bewegte, entstanden die Texte in meinem Kopf. Oft schrieb ich auch aus dem Gedanken heraus, das eine oder andere einfach auf Papier zu bannen und „ad Akta" legen zu können. Meine Texte handeln vom Leben, den Menschen, dem Glück, der Liebe und Leidenschaft, aber auch von Kritik und Zweifeln und sind Niederschriften all der Gefühle, die in mir Raum einnehmen. Oft nahm ich in sehr bewegten Momenten meine Gitarre und es passierte, das sich wie aus dem Nichts die Zeilen und die Melodien in meinem Kopf bildeten und ich begann, sie niederzuschreiben. Da ich aber keine Notenschrift beherrsche, nannte ich sie „Lieder ohne Noten". Ich habe die Melodien in meinem Kopf. Vielleicht hören Sie sie, wenn sie meine Texte auf sich einwirken lassen. Das würde mich freuen.

Dies ist eine Sammlung meines Lebens. Gedanken, Gefühle, Erinnerungen, Eindrücke, Erfahrungen, aber auch Kritik an meinen Mitmenschen, mal ernsthaft, mal humorvoll, eingepackt in Verse, kleine Texte und Geschichten.

Ich bin eine Beobachterin. Ich liebe es, Menschen zu beobachten. Nein, ich bin keine Spannerin. Ich nehme die Menschen wahr, die mir begegnen und erfreue mich an den Unterschieden. Wie sie sich verhalten, sich kleiden, sich zeigen und ich versuche in ihren Gesichtern zu lesen. Neue Menschen kennen zu lernen ist das spannendste auf der Welt für mich, allerdings kann man manchmal auch das Gruseln bekommen. Es ist ja nun nicht jeder Mensch gleich sympathisch, manche werden es auch nie. Was ich jedoch festgestellt habe ist, das Menschen, die einem gleich sympathisch vorkommen, sich oft im nachhinein als unakzeptable Charaktere herausstellten und Menschen, die auf den ersten Blick so ein „Oh mein Gott, was ist das denn für Einer" - Gefühl auslösten, im nachhinein meine besten Freunde wurden.

Von allen großen und kleinen Geschichten, die ich erlebte, durchdachte und träumte, habe ich hier einige zusammen getragen, möchte damit unterhalten und zum Nachdenken anregen.
Nehmt es ernst oder tragt es leicht, ganz wie ihr wollt.

Wer ich bin?

Eine ganz normale Frau,
die man nie einfach nur leben lies
sondern die stets überleben musste.
Ein einfacher Mensch,
der zu viel gedacht und getan,
aber oft zu wenig gefordert hat.

Eine einfache Frau,
der vieles abverlangt wurde,
aber die nie die Möglichkeit bekam,
das von sich zu geben, was sie geben wollte.
Das was sie gab, wurde mit offenen Händen genommen,
selten gedankt.
Was verlangt wurde, war oft zu viel.

Sie gab aus ganzem Herzen ,
oft war keine Kraft zum nehmen mehr übrig.
Aber Sie war und ist auch eine Chaotin sondergleichen,
die im dicksten Stress aufblüht und genial wird

Eine Lebenskünstlerin,
eine Kämpferin,
ein Mensch,
der immer versucht
auch ein Mensch zu bleiben.

Sie ertrug vieles,
und trug stolz die Verantwortung für ihr Tun
und für ihre Kinder tat und tut sie alles.

Sie ertrug ihr Leben mit überlebenswillen und viel
Humor.
Ironie und Sarkasmus
waren ihre lieben Begleiter.
Und etwas Egoismus der heilsame Balsam ihrer Seele

Regenbogen über Hilden 2008

Aller Anfang ist schwer

Zum x-ten mal fange ich an und fühle den enormen Druck, all das Unsagbare, Ungesagte, das in mir schlummert, oder sind es vielleicht Eingebungen, oder nur verrückte Ideen, die da in meinem Kopf herumgeistern, jedenfalls will ich sie nun zu Papier bringen. Und ich bin da ganz egoistisch, denn es interessiert mich nicht die Bohne, ob das nun jemand liest oder nicht. Bitte liebe Leser, seid nicht geschockt. Ich hoffe, ihr werdet verstehen, wenn ihr dieses Büchlein bis zum Ende gelesen habt.

Ich will auch nicht viel Zeit mit Korrekturen verschwenden, damit ich den Faden nicht verliere, allerdings muss ich hier anmerken, das dies hier der zweite Anlauf ist. Im ersten Anlauf meinte denn mein alter PC, er müsste erst einmal streiken, bzw. mein Office-Programm fing an zu spinnen. Es verstrich eine Unmenge Zeit damit, den Fehler zu finden. Schreiben war so gut wie unmöglich, die Buchstaben hinkten hinterher, der Mauszeiger verschwand. Ich verbrachte Tage damit, fluchend an sechs Seiten herumzubasteln. Keiner meiner mir bekannten Menschen und zwar teilweise echte Könner am PC, wussten Rat. Heute hatte ich nun die Idee, den ganzen Office-Mist einfach herunterlöschen und mit „Wordpad" zu schreiben. Also habe ich meine mühsam erbastelten Seiten ausgedruckt und ging in die Systemsteuerung, Abteilung Software, um zu vollstrecken. Da sah ich den kleinen Button „ändern" im Fenster Hinzufügen / Entfernen. Und schwupp, gab es dort doch eine Möglichkeit, dass sich Office selbst repariert. Es dauerte nur fünf Minuten und jetzt kann ich arbeiten wie ein Weltmeister. Hurra, selbst ist die Frau, stolz schwillt die Brust!

Ups und da kommt sie auch wieder durch, die Perfektionistin. Okay, sieht ja auch doof aus, Groß- und Kleinschreibung sollte man beherrschen. Es liegt aber meistens an der alten Tastatur, die Shifttaste, oder heißt sie Tabtaste, auf jeden Fall die, die man drücken muss, damit die Buchstaben großgeschrieben werden, also diese Taste ist schon ziemlich ausgenudelt. Hübsches Wort, ausgenudelt. Das ist allerdings nicht alles, was hier ausgenudelt ist oder alt. Eigentlich ist hier alles ziemlich alt, was mich ebenso betrifft, wie meine Wohnungseinrichtung. Wie alt ich bin, oh ja, ich gehe mit großen Schritten auf die fünfzig zu. Na gut, alt liegt ja auch im Sinne des Betrachters. Mein Schatz sagt immer, wir wären noch nicht alt und im Bett merke ich es auch nicht so, aber wenn morgens die Knochen erst mal alle knacken und die Gelenke knurksen, auch ein schönes Wort, da fühlt man sich doch schon etwas in Richtung alt, lach.

Mein Schatz, das ist mein (B)-engelchen aus Mühlheim, auch 47 und eine Seele von Mensch. Der einzige Mensch auf Erden, der wahrhaft daran glaubt, das aus mir noch etwas werden könnte, außer mir selbst vielleicht. Ich weiß, das ich schon etwas bin, es hat nur noch niemand gemerkt! (Stellen Sie sich an dieser Stelle eine frech grinsende Autorin vor) Allerdings werde ich wohl erst berühmt, wenn ich den Löffel abgegeben habe, denn ich bin eine noch unentdeckte Künstlerin aus Leidenschaft, eine Autodidaktin. Kreativität ist mein Leben. Wenn ich etwas mit meinen Händen herstellen kann, bin ich glücklich und wenn mein PC funktioniert auch.
Also jetzt kann ich ja richtig loslegen und werde nun auch den ganzen Ballast zu Papier bringen. Ich habe mir vorgenommen, einen richtigen Wälzer zu schreiben. Grins.
Fragen Sie, liebe Lesergemeinde, sich eigentlich, wer dieses weibliche Individuum ist, das sich hier outet? Oder sagen wir lieber, das hier seinen Ballast unters Volk zu werfen versucht? Oder die gesammelten Weisheiten, Erinnerungen, Eingebungen? Obwohl ich bei letzteren allerdings nicht weiß, kommen sie von oben, vielleicht von Gott, oder von dem, einige Etagen tiefer?
Also während ich hier anfing zu schreiben, war ich eine arbeitslose, kranke Hartz-IV – Empfängerin. Tja war leider so, aber ungewollt, ehrlich. Ich bin auch in keiner Weise faul, echt nicht, oder würde ein fauler Mensch ein Buch

schreiben? Außerdem war ich ja ernsthaft auf der Suche nach meinem Platz für mein berufliches Leben, was nicht einfach war. Da ich mich in meinem Leben nie geschont habe, zahle ich ab und an dafür mit Schmerzen, ausgehend von mehreren Bandscheibenvorfällen, die mich an der Ausübung meines erlernten und einiger anderer Berufe hindern. Stopp jetzt, also über Krankheiten will ich im Moment nicht schreiben. Das ist doch ein Scheißthema. Und über Arbeitslosigkeit auch nicht, Auch ein Scheißthema. Ich habe lange überlegt, ob ich das Wort gebrauchen soll. Das „Scheiß"! Es fiel mir jedoch kein treffenderes Wort ein.

Da ich ab und zu im Leben auch mal Glück hatte, grins, habe ich vor einigen Monaten einen wirklich tollen Job im Büro einer kleinen Firma gefunden, mit ausgesprochen flexiblen Arbeitszeiten, die meinem Naturell sehr entgegen kommen und mir auch genug Zeit für meine „Spirenzchen" lassen. Dazu nahm ich noch einen stundenweisen sehr verantwortungsvollen Job in einer Arztpraxis an - ich halte sie sauber. Ich verdiene zum Leben zu wenig und zum Sterben zu viel, aber nach einer Hartz-IV – Episode wird man sehr dankbar und man lernt, mit wenig auszukommen, das können sie mir glauben.

So, das ich auf die fünfzig gehe wissen sie nun schon, vielleicht interessiert sie ja noch, dass ich eine „bedingt" - gläubige Person bin, denn ich glaube zwar an die göttliche Existenz, aber vertraue nur selten dem Bodenpersonal, den Menschen, die Sonntags die Messe lesen. Da fehlt mir bei vielen die göttliche Aura. Einige wenige habe ich in meinem Leben getroffen, bei denen sie deutlich zu spüren war, aber bei den meisten war nichts da, was mich hätte inspirieren können.

In meiner vielen Freizeit bin ich also eine etwas verkappte Allround-Künstlerin. Rheinländer verstehen, was ich damit meine, für die Anderen: „verkappt" bedeutet: Nicht perfekt, aber auch bisher unentdeckt. Ich bin die kreativ hyperaktive Seele, die malt, Schmuck kreiert und so kuschelige Dinge wie Bären näht und was ihr gerade so einfällt, die bastelt und dekoriert, teilweise produktiv ist wie eine Wahnsinnige, und einen Teil ihrer Fantasie in diversen Büchern unterbringt.

Ich war verheiratet, habe vier erwachsene und fast erwachsene Kinder, drei Jungs und ein Mädel, alle in ordentlichen Verhältnissen, nämlich ehelich geboren, darauf lege ich Wert, das klarzustellen, und ein paar Viecher, vier Katzen und ein Kaninchen. Wir leben in einer Kleinstadt bei Düsseldorf und versuchen, mit wenig Piepen glücklich zu sein.

Mein bisheriges Leben war, würde ich es pessimistisch betrachten, insgesamt gesehen ein Reinfall mit allem drum und dran, aber da ich eher Optimistin bin, sage ich heute, es war okay, durchzogen von schlechten Zeiten, die man schnell vergessen sollte und glücklichen Tagen und Ereignissen, die es lebenswert gemacht haben, mich über Wasser hielten, mich geprägt haben und denen ich auch ein gewisses Maß an Potenzial und Kraft verdanke. Sicher habe ich mich des öfteren gefragt, womit ein einzelner Mensch so viel Pech verdient hat. Mittlerweile sehe ich es halt als mein Schicksal an. „C´est la Vie" wie der Franzose so schön sagt. Das Leben ist ein Auf und Ab, ein Ying und Yang. Gutes folgt Schlechtem oder Schlechtes folgt dem Guten. Das kann man sehen, wie man will. Ich habe wirklich eine ganze Zeit lang an letzteres geglaubt und erwischte mich schon bei glücklichen Erlebnissen mit dem Hintergedanken, womit ich als nächstes bestraft würde. Dann habe ich diese Frage mal in einem Forum im Internet gestellt und überraschende Antworten erhalten. Die meisten Menschen dort nahmen es anders herum. Auf schlechte Tage folgen wieder Gute. Ich bin für mich zu dem Fazit gekommen, die Schlechten sind keine Bestrafung für irgend etwas sondern einfach nur Pech. Die guten Tage soll man genießen und sich freuen, weil sie auch so etwas wie eine Entschädigung sind. Aus ihnen ziehen wir unsere gesamte Kraft. Von ihnen sollten wir uns inspirieren lassen.

Außerdem ist ja auch kein Mensch an seinem Schicksal ganz unschuldig. Es ist mir schmerzlich bewusst, dass ich viel Mist gebaut habe (nicht Kriminelles, grins) und an vielem selbst schuld bin, was mir widerfuhr. Die Quittungen kamen immer prompt. Unausweichlich gibt es auf all unser Handeln eine Reaktion, egal ob physikalischer oder psychologischer Art.

Es gab oft Zeiten, da beschäftigte ich mich damit, mein Leben in Frage zu stellen. Ich suchte den Strohhalm, an dem ich mich klammern kann, die Leiter aus dem Sumpf oder einfach nur die Eingebung, die Erleuchtung, welcher Weg weiterhin der richtige für mich ist. Das Schreiben hat mir geholfen. An meinem fünfundvierzigsten Geburtstag, durchlebte ich eine für mich schwierige Zeit. Ich schrieb einen meiner ersten Songs.

Ukulele

Mitten im Leben

Eines Tages wird dir plötzlich klar,
das von deinem Leben nicht mehr viel bleibt.
Mehr als die Hälfte deiner Tage sind
vielleicht schon rum
und du fragst dich, ob alles richtig war.

Auch fragst du dich,
was jetzt noch groß kommen kann,
bleibt die Gesundheit, die Kraft, der Verstand?
Ist das Leben, das du führst, so wie du es willst,
oder ist es Zeit für einen Neuanfang?

Das man plötzlich alles auf den
Prüfstand stellt,
daran sind nicht nur die Wechseljahre schuld.
Auch die Falten im Gesicht tun einem nicht weh.
Es muss was anderes sein, was einen quält.

Du fragst dich,
hast du deine Jahre verschenkt?
Fehlt es an Liebe, Vertrauen oder Glück?
Kann ein Neuanfang die Erlösung sein?
Es tut dir weh, das du so denkst.

Ja du stehst mitten im Leben,
fühlst dich nicht jung und auch nicht alt.
Du hast noch einiges zu geben.
Willst deine Freiheit,
aber auch Zusammenhalt.

Dein Leben lang hast du gekämpft
für deine Kinder, Job und Geld.
Und nun fragst du dich
mitten im Leben,
ob das alles noch für dich zählt.

So schnell es kommt, so schnell ist es vorbei,
es bringt nichts ein,
bringt dir nichts ein.
Das Schicksal ändern kann nur Gott allein,
also höre auf mit der Grübelei!

Mach die Augen auf und sieh dich um.
Es geht Anderen viel schlechter als Dir.
Eigentlich hast du alles, was du brauchst
Und du kannst nur selber
etwas für dich tun.

Nach der Kur trennte ich mich von meinem langjährigen Lebensgefährten, da er Bier und Schnaps mehr liebte als mich. Ebenso trennte ich mich von alten Zöpfen und Gewohnheiten. Ich lernte, den Bauch nicht mehr einzuziehen, mich selbst zu mögen und völlig neu zu entdecken. Ich wurde endlich ich selbst und fing an, zum ersten Mal in meinem Leben egoistisch zu sein. Von da an ging es bergauf - zumindest seelisch-moralisch.
Und ich nahm mir eins vor. Nie mehr wollte ich mich für jemanden ändern, verstellen oder irgendwelche Kompromisse machen. Ich räumte auf, in meinem Leben und in meinem Denken und damit fahre ich bis heute wunderbar.

„Im Nachhinein"

Wer mich nicht mag, so wie ich bin,
der muss mich dann halt meiden.
Nicht jeden, den ich kennen lern,
kann ich gleich super leiden.

Das ist des Menschen Eigenart,
der Unterschied zum Tier.
Die Liebe auf den ersten Blick,
Bringt meist nur Ärger dir.

Denn manchmal ist, was du gleich magst,
im nachhinein betrachtet,
der allergrößte Reinfall dann,
besser hättest du gewartet.

Denn wenn der Nebel langsam schwindet
und der Blick wird klar,
dann siehst du erst, was du da hast
und wünschst, es wär nicht wahr.

Der liebe Gott und ich

Irgendwie habe ich eigentlich immer geglaubt, was mir meine Religionslehrer in der Schule erzählt haben. Obwohl meine Familie eher unreligiös war, habe ich mir meinen Glauben bewahrt. In manchen Zeiten habe ich jedoch gedacht, Gott hätte mich verlassen.

Heute weiß ich, dass ich nur nicht hellhörig genug gewesen bin. Heute halte ich es mit dem da oben. Er ist mir wichtig und sympathisch, mein ewiger Ansprechpartner. Er gibt auch nie Widerworte, man sieht ihn nicht und trotzdem habe ich das Gefühl, dass er da ist, und dann rede ich mit ihm, manchmal laut, wenn ich allein zu Hause bin, oder in Gedanken. Warum? Das frage ich mich auch manchmal. Es gibt mir einfach ein gutes Gefühl.

In die Kirche gehe ich nur ganz selten. Mir fehlt einfach der Antrieb, dort hin zu gehen. Und im Hinterkopf denke ich, das ich ihm nah sein kann, egal wo ich bin. Wer denkt, das Gott nur in den Kirchen zu finden ist, der ist auf dem Holzweg.

Ich möchte Euch erklären, warum ich mir so sicher bin, das er uns antwortet, wenn wir nur hellhörig genug sind.

Ich habe in dem Irrtum gelebt, er würde unsere Wünsche erhören. Wünsche wie zum Beispiel: „Bitte lass mich nur einmal im Lotto gewinnen". Überlegt mal, wie viele Menschen das gen Himmel flehen. Da Gott aber gerecht ist, müsste er, wenn er einem Menschen diesen Wunsch erfüllt, dann müsste er auch allen Anderen diesen Wunsch erfüllen. Klugerweise hat er sich dafür entschieden, niemandem zu Reichtum in materieller Form zu verhelfen, obwohl ich ihm das ja in meinem Fall ein wenig übel nehme, zwinker. Wenn jeder gewinnen würde, gäbe es ja nur noch Millionäre und dann? Es wäre nichts mehr wert, also was soll`s.

Ich begnüge mich damit, mit ihm zu reden und bitte ihn, mir den Weg zu weisen, mir eine Eingebung zu schicken. Eine davon ist dieses Kapitel.

Diese „Eingebung" war ein zufälliger Blick in den vollen Papierkorb, in den jemand das neue Kirchenblatt gesteckt hatte. Es landet meistens ungelesen im Papierkorb. Ich möchte nicht wissen, wer in unserer Gemeinde gestorben ist, denn jeder muss ja irgendwann einmal gehen. Vielleicht habe ich auch nur Scheu davor, das ich dort einen Namen lese, von jemandem, den ich kenne. Der Geist, die Seele lebt zwar in einer anderen Dimension weiter, daran glaube ich fest und das tröstet mich auch, aber trotz allem.... Naja wie dem auch sei, ich gucke so auf dieses Heft und denke, du könntest ja mal reinschauen, und da fand ich dann diesen Artikel. Also im Kirchenblättchen schrieb eine Pfarrerin: „Gott ist nicht unser Wünsche-Erfüller. Das würde ihn auf eine Rolle reduzieren, die weit unter seinem Niveau liegt." Wie recht diese Dame doch hatte. Sie schrieb mir quasi aus der Seele. Und wo wir schon einmal dabei sind: Er ist auch nicht verantwortlich für die Fehler der gesamten Menschheit! Man fragt sich zwar oft, warum er das zulässt, das hunderttausende Menschen durch Naturkatastrophen umkommen oder das Kriege Länder und Völker spalten. Die Kriege machen die Menschen sich doch selbst. Wir haben aus den Grundsteinen, die er uns gelegt hat, nichts gelernt. Und die Naturkatastrophen, werden Sie nun fragen? Die Antwort ist doch eigentlich jedem bewusst: Umweltsünden rächen sich irgendwann, irgendwie.
Wie gehen wir denn mit unserem Planeten um? Atombombenversuche, Luftverschmutzung, Abholzen der Wälder, CO_2, Raubbau an allem, und leiden müssen immer Unschuldige, die Natur, Menschen oder Tiere. Vielleicht unternimmt Gott nichts, um der Menschheit die Augen zu öffnen?
Momentan denke ich, es gibt nur noch Blinde und Taube, zumindest Politiker und Machthaber. Blind vor Profitsucht und Gier und Taub für die wahren Nöte der Menschen. Und dann der Großteil des Volkes, diese ganzen Menschen, die diesen modernen Götzen blind hinterher laufen und vertrauen, und auch all die aufgrund mangelnder Bildung verblendeten Idioten, die im Namen Gottes sich und Andere

in die Luft sprengen. Egal wie sie ihren Gott auch nennen, wenn sie beten, das ist nicht in seinem Sinn!

Ich frage mich echt, was noch passieren muss, bis die Dummheit und Blindheit in dieser Welt endlich ausgerottet ist.

Lieber Gott bitte schenke uns allen die nötige Weisheit, irgendwann unsere Fehler zu erkennen, bevor es ganz zu spät ist.

Auch ich bin nicht fehlerfrei, nicht frei von Sünde. Wenn ich nach der Bibel gehe, bin ich eine Sünderin vor dem Herrn. Aber die Bibel ist nicht das Nonplusultra, genau wie der Koran und alle anderen religiösen Bücher. Weil sie von Menschen geschrieben wurden und sei es nur in bester Absicht. Das Problem ist, dass sie zudem noch von den Menschen unterschiedlich interpretiert oder ausgelegt werden. Bei unzähligen Übersetzungen sind viele Fehler begangen worden und die Worte sind vielfach nicht mehr zeitgemäß. Sie ergeben für jeden, der sie liest, einen anderen Sinn, oft einen ganz anderen, als der ursprünglich gedachte. Ich kann mir nicht vorstellen, das Gott will, dass Menschen für ihren Glauben töten oder getötet werden. Ich denke, er will, das wir miteinander auskommen und uns vertragen. Das wir Gott nur achten, wenn wir unsere Mitmenschen, unsere Natur und alles, was dort existiert, achten, weil er ein Teil von Allem ist, das vergessen die Menschen. Sie wissen es nicht anders, wollen es vielleicht nicht wissen oder verdrängen es bewusst, weil sie die Fehlinterpretation der Schriften zur Umsetzung eigener Interessen benutzen, um ihre Mitmenschen damit zu manipulieren.

Wenn ich könnte, würde ich dafür sorgen, das diese Sätze alle Menschen auf dieser Welt lesen und verinnerlichen!

Ich glaube, in einigen Ländern würde ich nun standrechtlich erschossen oder zu Tode gesteinigt. Da ich hier aber im „friedlichen" Deutschland sitze, wo freie Meinungsäußerung gesetzlich geschützt ist, nehme ich kein Blatt vor den Mund.

Wie lange das noch funktioniert ist allerdings fraglich, da wir sogar in unseren Privatwohnungen vor Abhörmaßnahmen nicht mehr sicher sein können und wir immer mehr zum gläsernen Bürger gemacht werden. Wir können jetzt schon mit unserem Handy überall geortet werden und es gibt Satelliten, die sehen, was wir auf dem Teller haben, wenn wir im Sommer im Garten grillen.

Ich werde enorm frustig, wenn ich so über unser aller Leben nachdenke, über die Menschen und ihr Tun. Es ist mir unerklärlich, warum Mütter ihre Kinder umbringen, warum überhaupt Menschen sich gegenseitig verletzen, quälen, umbringen, obwohl sie wissen, das es falsch ist aber sie ignorieren alle Verbote, Gebote, Gesetze, und dann sind da noch Menschen, die sehen zu und können sich nicht aufraffen, dagegen etwas zu tun, obwohl sie vielleicht die Macht dazu hätten. Menschen die zusehen, wie andere Menschen zu Schaden kommen, ohne mit der Wimper zu zucken? Bloß nicht einmischen, es könnte ja passieren, das man plötzlich selbst das Opfer wird? Woher kommt all diese Aggression?.

Das eigene Wohl steht so hoch im Kurs, wie nie zuvor. Nur das eigene Ego zählt, alles haben wollen, ohne Rücksicht auf Verluste, auch wenn es über Leichen geht. Und wenn es die Leichen unserer Kinder, Enkel und Urenkel sind? Egal, die Hauptsache ist, dass hier und jetzt ist so angenehm wie möglich. Das ist auch der Grund, warum wir nicht mehr mit der Natur in Einklang leben können. Wir sehen den Rückgang der Urwälder und wissen um die Klimakatastrophe, aber wollen auf jeden Fall die Edelholztüren und Möbel. Sicher, jeder möchte ein behagliches Leben führen, doch es sollte auch noch behaglich sein, wenn man darüber nachdenkt, um welchen Preis es behaglich wurde. Man denke nur mal an unsere tägliche Wurst. Wenn ich mir überlege, was zum Beispiel die Schlachttiere durchmachen müssen, bevor sie auf den Teller kommen, da vergeht mir der Appetit, obwohl ich überzeugte Fleischesserin bin. Es ist nicht in Gottes Sinn, das wir so mit Tieren umgehen. Doch wir werden ja schon bestraft. Geflügelpest und Rinderwahn und wie diese Krankheiten auch alle heißen mögen. Aber das ist ein anderes Thema.

Es liegt so vieles im Argen. Selbst im dicksten Buch könnte man all dieses Elend nicht erfassen. Und wir? Wir machen doch am liebsten die Augen zu, drehen uns weg, solange es uns einigermaßen gut geht, wollen nur das schöne sehen.

Schwanenfamilie an der Ruhr Frühjahr 2008

Das folgende Lied schrieb ich, als in der Presse und im Fernsehen von den Kindern berichtet wurde, die starben, weil ihre eigenen Eltern sie verhungern ließen.

Panzerschrank

Fassungslos und voller Grauen,
bald schon nicht mehr anzuschauen.
Blut und Tod, Gewalt und Hass,
Kampf und Terror ohne Unterlass.
All das schauen wir uns täglich an
Und denken, das man daran nichts ändern kann.
Wird es uns zu viel,
schalten wir das Fernsehen ab
Doch das Böse bleibt
und zwar nicht zu knapp.

Arbeitslos und ohne Glück,
Versuche enden im Missgeschick.
Alkohol und Drogenkonsum,
Männer hauen ihre Frauen um.
Täglich hörst du das Nachbarkind schreien
Und denkst nur:
„ Können die nicht leise sein?"
Du sitzt zu Haus` und willst deine Ruh`.
Schließlich machst du Türen und Fenster zu.

Was ist nur mit unserer Welt geschehen?
Kinder sterben
und keiner will es sehen.
Menschen hungern, sind arm und krank
Und wir verschließen unser Herz

Wie einen Panzerschrank!

Mensch hast du noch nicht genug?
Dein Glück ist doch nur Selbstbetrug!
Das die Welt nicht mehr in Ordnung ist,
wächst vielleicht auch aus deinem Mist.
Auch du machst doch nicht
deine Schnauze auf
Und lässt den Dingen ihren irren Lauf.
Schrei doch endlich mal deinen Missmut hinaus
Und halte dich nicht
aus der Verantwortung raus!

Sonnenuntergang über Geldern

Schutzengel

Mein Gott, jetzt bin ich aber abgeschweift, denn eigentlich wollte ich doch von dem Morgen erzählen, an dem ich davon überzeugt wurde, das es Gott und Engel gibt. Nein, nicht von den Zeugen Jehovas, sondern durch einen heilsamen Schock.

Oft höre ich die Menschen sagen: „Die armen Scheidungskinder". Da geht mir die Galle hoch. Ich bin heute fest davon überzeugt, das es für manche Kinder ein Glücksfall ist, wenn die Eltern sich scheiden lassen und manchmal ist es sogar besser, wenn die Kinder einen Elternteil nie mehr wiedersehen.

Meine Kinder waren am glücklichsten, wenn ich mit ihnen allein gelebt habe und heute bereue ich zutiefst, das ich versucht habe, die Familie zu komplettieren, denn das war ein großer Fehler. Es mag Patchworkfamilien geben, die funktionieren. Ich geriet immer an die falschen Männer. Leider habe ich meine Fehler zu spät erkannt.

Mein erster Mann hat getrunken, mich geschlagen und ich verließ ihn mit meinen ersten beiden Söhnen. Mein zweiter Mann und Vater meiner zwei jüngeren Kinder war pädophil veranlagt und eine Trennung unausweichlich und mein dritter Mann, mit dem ich nur ein Jahr verheiratet war, war geizig und gierig, hat mich ausgenutzt und finanziell übers Ohr gehauen. Aber ich hatte halt die besten Vorsätze. Meine Kinder sollten einen Vater haben, zu dem sie aufschauen können und in einer kompletten Familie aufwachsen. Dazu kam auch, das ich ein Mensch bin, der sehr schlecht allein sein konnte. Ich brauchte den festen Ansprechpartner, ich suchte Geborgenheit, Sicherheit und dachte auch daran, falls mir mal etwas passiert, wären meine Kinder ganz allein. Damals war ich mir dieses Fehlers in meinem Denken noch nicht bewusst gewesen und ich war zu vertrauensselig gewesen und davon überzeugt, das man Liebe suchen kann, welch ein Irrtum.

Aber nun zu meiner Geschichte:

Es war ein lausig kalter und regnerischer Herbstmorgen während meiner dritten Ehe. Lange hatte ich diese Nacht gebraucht, die vielen Zeitungen zuzustellen, genauer gesagt 1200 Stück. Und dick waren sie heute gewesen und so verdammt schwer.

Um kurz nach Mitternacht war ich schon an der ersten Ablagestelle in Düsseldorf-Unterrath gewesen. Insgesamt hatte ich drei Bezirke. Eigentlich war es ja der Job meines Mannes, aber der arbeitete zusätzlich noch in einem Parkhaus und hatte die Frühschicht. Also lag es wie so oft an mir, ob ich wollte oder nicht.
Der Zeitungsjob war unsere Haupteinnahmequelle. Wir brauchten das Geld, denn wir hatten in Viersen ein Haus gemietet, eigentlich viel zu teuer für uns und neue Möbel, auf Raten gekauft, da mein Mann es so wollte. Er hatte mich überredet oder sollte ich sagen überrumpelt? Ich hatte schöne Möbel gehabt, aber ihm war nichts gut genug. Die Schulden machten mir Angst, aber mein Mann beteuerte immer wieder, das er alles im Griff hatte. Wir hatten jeder mehrere Jobs und im Durchschnitt schliefen wir drei Stunden am Tag, mehr war nicht drin. Ich hatte einen kleinen Kiosk eröffnet, in dem ich tagsüber arbeitete. In der Mittagspause ging ich ein Büro putzen und nachts halt mit oder ohne meinen Mann die Zeitungen austragen. Unsere Ehe war schon zum Scheitern verurteilt gewesen, nachdem mein dritter Mann mir am Tag nach der Hochzeit eröffnet hatte, das ich von diesem Tage an nichts mehr zu sagen hätte…. wir hatten uns von da an nichts mehr zu sagen. Ich war entsetzt, frustriert und todunglücklich. Dieser Mensch hatte mir zwei Jahre etwas vorgespielt. Innerhalb von vierundzwanzig Stunden hat er sich um 180 Grad gedreht und sein wahres Gesicht gezeigt. So etwas hätte ich nicht für möglich gehalten. Und ich habe es auch nicht mitgemacht. Am liebsten hätte ich mich sofort wieder scheiden lassen, aber er hatte mich in der Hand. Ich hatte keinen Zugriff auf unser Bankkonto und unsere Papiere,

sonst wäre ich schon am ersten Tag unserer Ehe ausgezogen.

Nun an diesem einen Morgen wog dieser ganze Ballast so schwer auf meinen Schultern. Und ich war so müde. Als ich die letzte Zeitung endlich zugestellt hatte, war ich so erleichtert und dachte nur daran, so schnell wie möglich nach Hause zu kommen, um die Kinder noch zu sehen, bevor sie zur Schule gehen würden.

Vom Regen durchnässt, mit schmerzenden Knien und todmüde setzte ich mich hinter das Steuer meines Opels und machte mich auf den Heimweg. Die Autobahn Richtung Viersen war frei und ich gab Gas. Mit hundertsechzig flog ich dahin. In dem großen Wagen war es angenehm warm und das grau in grau des beginnenden Morgens tat sein übriges. Immer wieder kämpfte ich gegen das Zufallen der Augen an, doch ich redete mir ein: „Nur noch ein kleines Stück, dann bist du zu Hause".

Plötzlich schreckte ich auf, als sich deutlich zwei Finger in meine Schulter bohrten. Ich war am Steuer eingeschlafen. Knapp vor dem Zusammenstoß mit der Leitplanke konnte ich noch abbremsen, das Lenkrad herum reißen und den Wagen abfangen. Zum Glück war kein anderes Fahrzeug unmittelbar neben oder hinter mir.

In diesem Moment war ich hellwach und mein Herz klopfte mir bis zum Hals. Ich schaute über die Schulter zurück in den Fond des Wagens, obwohl ich genau wusste, dass ich allein im Fahrzeug saß. Aber ich war felsenfest sicher, das mir jemand auf die Schulter geklopft hatte, denn sonst wäre der Unfall unausweichlich gewesen. Mir lief eine Gänsehaut über den ganzen Körper als ich in meinem Kopf die Stimme meiner Großtante hörte, die schon lange verstorben war: "Kind, so geht es nicht mehr weiter!" War sie mein Schutzengel gewesen?

Als ich nach Hause kam, erwischte ich meinen Mann, wie er auf meinen jüngsten Sohn einprügelte, weil der 6-Jährige sich vor lauter Hunger die letzte Scheibe Wurst aus dem

Kühlschrank genommen hatte. Das war der ausschlaggebende Punkt, das Tüpfelchen auf dem „i", welches mich zur Vernunft brachte. Ich ging dazwischen, packte meinen Mann am Kragen und warf ihn hinaus, bzw. ich brachte ihn eigenhändig mit Sack und Pack zu seiner Mutter und reichte dann die Scheidung ein. Dieses eine Ehejahr kostete mich über 30.000 DM, von den Nerven und grauen Haaren nicht geredet. Ich habe lieber die Schulden, den Verlust von Haus und Geschäft und den Neustart bei Null auf mich genommen, als mit einem Tyrannen verheiratet zu bleiben, der mich nur ausnutzt und kleine Kinder schlägt.

Ich habe mich entschieden
für ein Leben ohne dich.
Ich gehe weg von Dir,
ja, ich lasse dich im Stich
All der Ärger, all der Frust, so oft allein
Und ich sagte mir, das kann`s doch nicht gewesen sein

Dann bin ich halt wieder allein, doch es geht mir gut.
Kann wieder lachen, habe neuen Lebensmut.
Ich kann tun und lassen was immer ich will.
Keiner redet mir rein, ja ich halte nicht mehr still.

Ich gehe meinen Weg und es fällt mir nicht schwer,
ich bleib allein oder vielleicht findet mich auch wer,
Ja ich will leben, auch mal außer Rand und Band,
will einfach leben, in Frieden und mit Herz und
Verstand,
will glücklich leben, gerade so wie ich es will,
und glückliche Kinder zu haben, das ist mein größtes Ziel!

Glückliche kinder in der Nordsee

Reden

Irgendwann einmal hat mich eines meiner Kinder bei Tisch gefragt, warum die Menschen sprechen können und die Tiere nicht. Ich versuchte mein Bestes, meinem Kind eine vernünftige Antwort zu geben. Ich sagte, dass die Tiere ja keinen Verstand haben, sondern nur einen Instinkt, worauf ich dann zu hören bekam, dass ja unsere Mary, ein Schäferhund-Collie-Mix wohl jedes Wort verstehen würde und daher ja wohl einen Verstand hätte. Auch die Bedeutung von dem Wort Instinkt zu erläutern war eine Herausforderung. Und das die Tiere halt ihre eigene Sprache hätten, sprich die Laute, die sie von sich geben. Natürlich kam da der Satz: „Und was ist mit Fischen?" Es entbrannte eine leidenschaftliche Familien- Philosophie-Stunde, die mit der Frage endete, was wohl wäre, wenn es keine Wörter gäbe, was mich dann zu folgenden Zeilen inspirierte:

Worte

Worte gibt es viele auf Erden,
gute und auch schlechte.
Gute Worte mögen wir, sie schmeicheln, geben Rechte.
Gute Worte, das sind die, die in unsere Herzen dringen,
die uns erfreuen, glücklich machen,
die von Liebe singen.

Schlechte Worte sind wie Waffen, verletzen und auch
quälen.
Vergiften Freundschaft, jeden Spaß, vergiften unsere
Seelen.
Schlechte Worte, in Wut gesprochen, reißen tiefe Wunden.
Schnell versucht man zu verdrängen,
doch es bleiben Schrunden.

Manches hätte man gern gehört, vieles will man nicht
mehr missen.
Manches reißt einen tief hinein, obwohl wir eigentlich
wissen,
das Worte doch nur Worte sind, oft geredet ohne zu
denken.
Wir deuten oft zu viel heraus,
ohne richtig Gehör zu schenken.

Eines, das ist ganz gewiss, ohne Worte würde nichts
funktionieren.
Wir hätten auch keine Gedanken mehr, würden nur noch
dahin vegetieren.
Wir würden nichts mehr kennen, nicht mehr fühlen,
nichts mehr wissen,
und wahrscheinlich nicht mehr leben, und nichts mehr
vermissen.

Meine Lieblingssprüche vom „Reden"

Viele Menschen reden den ganzen Tag, doch was sie reden
ist so nichtssagend....

Manche reden kaum ein Wort, doch wenn sie etwas sagen,
dann haut es einen glatt aus den Schuhen.

Es gibt auch Menschen , die nicht reden, aber sagen Dir
mit einer Geste mehr als tausend Worte.

Es soll schon Menschen gegeben haben, die bekamen im
Sommer einen Sonnenbrand auf der Zunge...

Ob kleine Wichte große Reden schwingen
oder große Redner kleine Wichte sind,
macht keinen Unterschied.

Nur sprechenden Menschen kann geholfen werden

Bei manchen Menschen könnte man sich auch gleich vor
eine Parkuhr stellen, wenn man ihnen etwas sagen
möchte,
es hätte den gleichen Effekt.

Nicht alle, die gut reden können, können auch gut
zuhören.

Vieles, was man von unseren Politikern zu hören
bekommt, das hätten sie besser gepfiffen.

Nicht jeder der schweigt, hat nichts zu sagen.

Wenn die Zunge schneller ist , als das Hirn, dann rettet dich manchmal nur noch, wenn deine Beine schneller als die Zunge sind!

Manchmal ist die schönste Form der Unterhaltung das gemeinsame Schweigen.

Es gibt Dinge, die kann man aussprechen und es gibt Dinge, die sollte man nicht aussprechen. Wann was angebracht ist, liegt allein an dem Anteil der enthaltenen Unwahrheit .

Die schönste Form der menschlichen Sprache ist nicht immer der Gesang!

Diese Sprüche stammen zum Teil von mir, zum Teil habe ich sie irgendwo gelesen oder gehört, aber kann mich nicht mehr daran erinnern, wo das war. Ich hoffe die rechtmäßigen Urheber verzeihen mir. Ich habe sie so verinnerlicht, das ich sie zu meinem Gedankengut gemacht habe.

Das Internet

Nachdem ich meinen letzten Ehemann los und mich finanziell ein wenig saniert hatte, war meine erste Anschaffung ein PC. Ich war neugierig auf die neue Technik und das Internet und wollte auch meinen Kindern die Möglichkeit der virtuellen Freiheit bieten.

Am besten gefiel mir die Möglichkeit, mich anonym mit anderen Menschen austauschen zu können. Man wird ja ungewollt, aus reiner Neugier heraus, zum Voyeur. Ich beziehe mich da auf diverse Chatmöglichkeiten, bei denen du ja automatisch mitliest, was die anderen so schreiben. Keiner zwingt dich, auch deinen Senf dazu zu tun. Du kannst die Profile der Mitschreiber lesen und erfährst unter anderem deren tiefe Sehnsüchte, Interessen, ja auch sexuelle Vorlieben, über die sie in der Realität noch nicht einmal mit dem Arzt ihres Vertrauens sprechen würden. Ich denke, manchmal wissen noch nicht einmal deren Partner davon. Viele sind so mutig und haben Fotos von sich im Profil. Man darf natürlich nicht alles glauben, was da so geschrieben wird, aber es gibt einen großen Teil ganz unbedarft ehrlicher Typen, die sich in diesem Medium outen. Ich habe da Menschen kennen gelernt, da kam ich aus dem Staunen nicht mehr heraus. Nun muss ich dabei sagen, das ich ja ziemlich konservativ erzogen wurde. Viele Jahre hielt ich einen Orgasmus für eine Krankheit. Zumindest aber konnte ich damit nichts anfangen, wenn mich Freundinnen gefragt haben, ob ich schon mal einen gehabt hätte. (Da war ich allerdings noch jung). Nun ja im Laufe der Jahre habe ich ja auch meine Erfahrungen gemacht und mir Wissen bezüglich der menschlichen Zweisamkeit, gewählt ausgedrückt, angeeignet, aber im Internet habe ich noch sehr viel für mich Neues, aber auch Befremdliches erfahren. Und das Gute war, ich konnte alles, was ich nicht wusste, einfach googeln und schwupp, konnte ich mitreden. Die Informationsflut, die da auf mich einschwappte, war überwältigend. Nächte habe ich durchgemacht und gelesen, wie ein Verdurstender, der aus der Wüste endlich an ein Wasserloch kommt. Es gab so viel, das mich interessierte, das ich wissen wollte. Fragen, die ich mich nie vorher getraut hätte zu stellen, wurden ebenso beantwortet, wie die Dinge des alltäglichen Lebens, die ich hier hinterfragen konnte. Ich kam an Informationen, die mir vorher verwehrt geblieben waren, außer ich hätte mich durch die ganze Bibliothek einer Universität gelesen..

Der Großteil meiner Recherchen bezog sich auf meine Hobbys, meine Arbeit und alle für mich interessanten Themen aus dem Gesundheitsbereich, Kochrezepte und die Neugier nach den Hintergründen von Artikeln aus der Presse oder Beiträgen aus Funk und Fernsehen.

Es ist für mich heute noch spannend, zu erfahren, was heraus kommt, wenn man ein Schlagwort eingibt. Bei diesen Recherchen entdeckte ich dann auch die Foren und Chatrooms und nutzte diese Möglichkeit, an das Gedankengut meiner Mitmenschen zu kommen. Mich interessierte, wie andere Menschen über dieses und jenes dachten. Aber auch, einfach nur zu plaudern, herum zu albern und mal in eine andere Rolle zu schlüpfen, machte mir große Freude. Im Internet kann jeder sein, was er möchte. Man erschafft sich eine neue Identität und lebt sie aus. Anonym und unbehelligt, einfach unerkannt, kannst du dort ausprobieren, was du im wahren Leben niemals tun würdest. Und du kommst hinter die Geheimnisse von anderen Menschen. Ein Geben und Nehmen der besonderen Art, aber auch ein Zeitvertreib mit großem Suchtfaktor. Ich will nicht bestreiten, das auch ich eine Zeit lang dieser Sucht verfallen war. Du rutschst so tief in diese Scheinwelt, das du jeglichen Bezug zur Realität verlierst, wenn du nicht vorsichtig bist. Zum Glück hatte ich eine Familie, die mich immer wieder auf den Teppich holte, in dem sie ihre Rechte einforderte. Ich spreche hier von meinen Kindern, die Hunger hatten, wenn sie mittags aus der Schule kamen und meinem ältesten Sohn, der mir vor Augen führte, wenn ich es übertrieben hatte. Das waren dann so Sachen, das ich mittags noch im Schlafanzug vor dem PC saß und der gesamte Haushalt unerledigt war, weil mich ein Thema oder eine Unterhaltung so gefesselt hatte, das die Zeit davon gelaufen war, ohne das ich es bemerkt hatte. In dieser Anfangsphase als PC-Bersitzerin war ich wirklich schlimm, gebe ich heute ehrlich zu. Heute kann ich damit umgehen und setze mir selbst ein Zeitlimit. Auch die Art und Weise der Nutzung hat sich geändert, da ich nun auch beruflich mit dem PC arbeite. Vieles, was mich zu früherer Zeit interessierte oder beschäftigte, langweilt mich heute und auch die Chatrooms interessieren mich nicht mehr. Zum einen sind die meisten heute nur noch eine Plattform für Suchende. Egal ob ehrlich an einer Partnerschaft interessiert oder all die Fremdgeher auf Suche nach einem One-Night-Stand. Baggerforen, bei denen kein normales Gespräch mehr zustande kommt. Da geht es zu wie auf einem Automarkt. Wie alt, woher, BH-Größe oder wie geht es, bist du geil, wann und wo und all solche Oberflächlichkeiten, die nur darauf hin zielen, jemandem in sein Bett zu bekommen. Da werden Bilder hin und her geschickt von sämtlichen Körperteilen und was weiß ich noch alles. Nein, das ist nicht meine Welt, aber meine Gedanken habe ich mir dazu gemacht.

Meine Ersatzsonne „für alle Fälle"

„Chatliebe“

So viele Menschen fühlen sich allein,
loggen sich in Internet- Chatrooms ein.
Sie wollen reden, flirten, ein bisschen Spaß,
und manchmal, eher selten, wird´s auch was.
Oft finden sich zwei Seelen für eine Nacht,
selten was einen auf Dauer glücklich macht.
Auf der Strecke bleiben Ehrlichkeit, Gefühl,
ein nettes Telefongespräch ist oft schon viel.

Meist fängt alles dann ganz harmlos an,
man fragt sie/ Ihn um einen Privatchat an.
Schickt ein hallo und fragt: „Woher bist du?,
Sexylady, dein Nick raubt mir die Ruh!
Dein Profil, das ist richtig scharf.
Du schreibst das Mann bei dir noch
Mann sein darf.
Du bist geil und so allein.
Lass mich der Held deiner Träume sein.“

Du gibst dich wortgewandt,
beschreibst dich elegant, Chatliebe.
Schickst ihr ein rotes Herz,
machst ab und zu einen Scherz, Chatliebe.
Und du weist ganz genau, das will sie hören, die Frau,
Chatliebe.
Du schreibst : „Hm hm“ und „lol“,
und sagst ihr sie ist toll, Chatliebe.

Ich weis nicht, was ich davon halten soll,

hier fühlt sich jeder doch so richtig toll.
Hier wird gekuschelt, gedrückt und geknutscht,
und sicher auf so manchem Stuhl herumgerutscht.

So manches Foto scheint mir hier
nicht ganz echt,
nicht jeder Typ ist doch ein Superhecht!
Und auch die Damen haben sich kräftig
aufpoliert
und ihr Profil auf Sexbombe präpariert.

Und so manches einsame Herz,
vergisst hier seinen „Alleine- sein- Schmerz".
Die Liebe finden, das ist oft so schwer,
und die meisten machen nicht viel her.
Im Channel kann jeder so sein wie er will,
groß, klein, ganz stark
oder auch etwas fragil.
Triffst du den anderen dann in Wirklichkeit
bleibt oft nur leere Beklommenheit!

Im Internet kann man nicht nur alles erfahren, sondern auch alles bekommen, was man nur möchte. Ich habe viele Dinge aus dem Internet. Ich bestelle Katzenstreu dort, denn es ist mir lieber, wenn der Paketbote es schleppt und ich kaufe gern bei Auktionshäusern, weil man dort so tolle Schnäppchen machen kann. Wo bekommt man noch eine Designeruhr für fünf Euro oder eine nagelneue Bluse für zwei Euro. Wenn das Budget begrenzt ist, muss man halt schauen, wie man zu den begehrten Dingen kommt, ohne das es einen finanziell zu stark beeinträchtigt und da ist Spürsinn und Ausdauer in Verbindung mit dem Internet die ideale Lösung. Ich habe Möbel aus dem Internet, Kleidung, sämtliche Weihnachtsgeschenke, mein Auto und meinen Freund. Der ist allerdings das beste, das ich jemals aus dem Internet bekommen habe. Und dabei wollte ich doch nur mal aus Neugier gucken, was es da mit dieser Freundschaftsclub- Geschichte so auf sich hat und schwupp, hat er mich gefunden und angeschrieben und war so ergreifend ehrlich und nett. Na und da ich ja auch ein netter und höflicher Mensch bin, habe ich halt geantwortet und man hat mal telefoniert und geredet und geredet und sich mal ohne Hintergedanken getroffen und hat Kaffee zusammen getrunken und hat sich noch mal getroffen, einfach nur so wie zwei Kumpels und man dachte, das wird nix, nicht mein Typ und dann…. Plötzlich spielen da die Gefühle verrückt, schön war es und ist es heute noch. Ich war und bin immer wieder zu Zeilen inspiriert, die ganz tief aus meinem Herzen kommen, wenn ich an diesen Mann denke.

Wenn du bei mir bist

Als ich dich kennen lernte, war es nicht gleich um mich geschehen,
denn ich dachte bei mir, so`n Typ hast du noch nicht gesehen.
Groß und stark, lichtes Haar, ja ein wenig unscheinbar,
doch da war ein Gefühl, welches mir ganz gut gefiel.

Du kamst und gabst mir deine Hand und ich hielt dir die Wange hin,
das Angebot nahmst du an und hauchtest einen Kuss dahin.
Deine Hand war warm und weich und der Kuss war zart und schön
Und dann war da ein Gefühl, welches mir sehr gut gefiel.

Wir schauten uns ganz zaghaft dann in die Augen und irgendwann
Nahmst du einfach meine Hand und dann war es um mich geschehen.

Die Kniee wurden mir so weich und ich fühlte mich ganz leicht

Und ich erkannte das Gefühl, welches mir so gut gefiel.
Nun sind wir ein Liebespaar und immer füreinander da.
Du gibst mir so viel, hast Charme, Humor und Sexappeal.
Seit ich dich habe, geht es mir gut, habe wieder neuen
Lebensmut
Und ich genieße das Gefühl, welches mir so gut gefiel.

Wenn du bei mir bist, so real und so nah,
gibt es keine Schatten mehr, die Welt ist einfach
wunderbar.
Wenn du bei mir bist, bleibt die Zeit für uns fast stehn
Ich möchte Hand in Hand mit dir,
in meine Zukunft gehen.

Du warst für mich da,
wie nie ein Mann zuvor.
Du ließest mich Königin sein.
Und hast mir das Gefühl gegeben,
das nichts mehr mir etwas anhaben kann.
Und genau dieses Gefühl,
angekommen und aufgefangen zu sein,
habe ich, ohne es zu wissen,
so sehr vermisst,
gesucht,
herbei gesehnt,
und bei Dir gefunden.
Zu einer Zeit,
in der sich alles in mir sträubte,
bei dem Gedanken daran,mich fallen zu lassen,

waren da plötzlich deine starken Arme, die mich hielten.

Gedanken vom Vermissen und „schizophren" werden

Wenn da jemand ist, der tief in deinem Herzen wohnt,
jemand, der deine Gefühle erwidert, was du genau weißt,
und dann sind da all die Hindernisse aufgrund der
Lebensumstände, die verhindern,
das man so zusammen sein kann, wie man gerne
möchte,
dann nagt das irgend wann an dem tiefen Gefühl,
wie eine Maus an einem Kuchen.
Du fängst das grübeln an.

Kennst du das Gefühl, krank vor Sehnsucht zu sein?
Es ist heilbar, heilt sich von selbst
Das redest du dir zumindest ein.
Du kamst an den Punkt, da fragtest du dich ernsthaft,
warum du dein Leben mit Warten verbringst.
Du fragtest dich, warum überhaupt du der Part bist,
der die wartende Rolle hat.
„Du hast die Arschkarte gezogen",
redet dir das kleine Teufelchen in deinem Hinterkopf ein,
„Er ist sich seiner Schuld nicht bewusst!"
Und dann sprichst das Engelchen zu dir
„Er hat keine Schuld daran, das musst du ehrlich
zugeben!".

Er wäre Mister Perfekt, der eine Ritter auf dem weißen
Ross,

auf den du immer gewartet hast
Doch da gibt es dieses nagende Gefühl in Dir,
weil er eine Frage, ganz am Anfang,
während des Kennenlernens,
doch so bejahend beantwortet hat.
Sich eure Bezeihung im Nachhinein aber anders gestaltet
hat.
Du hast ihn gefragt, ob er Zeit für dich hat,
in seinem doch so bewegten Leben.
Du hast ihm gesagt, das du jemanden brauchst,
der für dich da ist,
real da, oft da ist.
Du brauchst das, wie dein tägliches Brot,
hast du gesagt,
Und dann seht ihr euch alle zwei Wochen mal
Und du leidest wie ein Hund.

doch stop, Moment mal,
wenn du so darüber nachdenkst, ist das doch der größte
Quatsch.
Du bist unfair.
Er ist doch immer für dich da.
Ihr redet jeden Tag am Telefon
Stundenlang.
Mehr als die meisten Paare.

Du bist doch ein selbstständiger, vernünftiger Mensch
Und vernünftige Menschen haben immer eine Lösung
parat.
Jedes Problem ist doch lösbar.
Ab sofort wartest du nicht mehr.

Du besinnst dich mehr auf dich selbst und wirst
sicherheitshalber schizophren.
Ist er da, freut es dich, genießt du es,
ist er nicht da,
machst du es dir auch schön, ist es schön,
kann es auch schön sein, muss es so sein.
Das Leben wird jeden Tag kürzer.
Du musst und willst aus jedem Tag das Beste machen.

Du tröstest dich mit dem Gedanken,
er wird vielleicht ab und an spüren,
das er an etwas Großartigem wenig Anteil hat,
aber das ist der Preis, den er zahlt, und du sagst dir:
Wenn du aufhörst zu warten, dann geht auch die
Sehnsucht, Stück für Stück,
das ist zwar dann ein großer Verlust
aber das Alleinsein tut nicht mehr so weh.
Du bemühst dich wieder, all die anderen Facetten in
deinem Leben zu sehen.
Man kann auch allein glücklich und zufrieden sein.
Aber du bist ja nicht wirklich allein.
Du hast dieses Wissen, das dich so reich macht.
Das Wissen, das da jemand ist, der an dich denkt,
so wie du an ihn denkst.

Du ärgerst dich, das du ihm Unrecht tust,
in deinen Gedanken, manchmal.
Und das du dich fragst, ob du ihn genug liebst.
Dabei liebst du ihn, sehr sogar, aber anders, als am
Anfang.
Diese Liebe ist nicht mehr sehnsuchtsvoll und wartend

Diese Liebe ist wissend, immer gegenwärtig, die
gemeinsamen Stunden genießend
Diese Liebe tut auch nicht mehr weh,
ich glaube, dieses Stück vom Kuchen ist schon
aufgefressen,
das was so weh tat,

Soll es so sein?
Es ist so, denn anders würde es nicht funktionieren,
sonst gehst du daran kaputt
Selbstschutz
Vielleicht eine Art von Egoismus,
der dein Herz zusammenhält
Du willst nicht mehr warten,

Er fragt sich bestimmt, was mit dir los ist,
du quengelst nicht mehr.
Du fragst nicht mehr so häufig, wann er denn kommt.
Du sagst nur noch selten, dass du ihn vermisst.
Warum auch, denn es wäre ja gelogen, oder?
Nein
Nein, weil du ihn eigentlich doch immer vermisst,
weil du seine Nähe so sehr bräuchtest,
weil du dich selber belügst und dir vorgaukelst,
das du allein glücklich sein kannst,
und weil du alles tust um dich abzulenken,
von dem Warten, von dem Hoffen,
von der grenzenlosen Sehnsucht,
weil du ihn aufwecken, wachrütteln möchtest,
er soll spüren, wie es ist, und auch einmal warten
und hoffen,
und sich Sorgen machen,

und am Telefon sitzen
und beten und hoffen
und schizophren werden.
Und am Ende dieser Gedanken
Ist alles wieder gut Und normal.
Du weißt, was du an ihm hast.
Und das du glücklich bist,
dass es ihn gibt
und das ist das einzig Wahre!
Alles andere, was dir da gerade so durch den Kopf ging
sind doch nur ein paar Gedankenseifenblasen.
Kommen und zerplatzen wieder, lösen sich in nichts

Grünanlage in Palma de Mallorca

Die Kunst, sich auf Dauer lieb zu haben oder bis das der Tod uns scheidet

Diese Kunst beherrschen die Menschen nur selten. Deshalb ist es auch eine Kunst.

Das wichtigste, willst du diese Kunst beherrschen, ist, das du jemanden findest, der ebenso auf dieser Wellenlänge gepolt ist, das heißt, der halt auch an einer andauernden Partnerschaft interessiert ist. Und das ist nicht der einzigste Knackpunkt. Es muss ja auch jemand sein, der zu dir passt und an dem nicht all zu vieles ist, was dich stört, beziehungsweise irgendwann stören könnte. Am besten wäre es natürlich, wenn dich am anderen nichts stören würde, aber welcher Mensch ist schon perfekt? Wir suchen uns also das kleinste Übel. Nun, einen Partner zu finden, das ist ja eigentlich heutzutage kaum noch ein Problem.

Nehmen wir mal an, wir haben so ein Individuum gefunden, das dem Ideal nahe kommt, es gibt nur wenig was uns stört und auch er oder sie sehen dich als Nonplusultra. Zuerst sind da ja ein Haufen Schmetterlinge im Bauch und die rosa Brille auf der Nase. Man ist total hormongesteuert und denkt irrational. Das ist normal. Sollte die Beziehung diese Phase überstehen, kommt die Phase der Ernüchterung. Man kehrt langsam zurück in die Normalität und sieht den Partner oder die Partnerin nun etwas genauer. Hier nimmt man schon die erste Hürde. Wenn einen an diesem Punkt all zu viel nervt, ist die Beziehung am Ende. Hat auch keinen Zweck, sich zu zwingen, es sollte nicht sein. Stellt man jedoch an diesem Punkt fest, hey, das ist ja ein feiner Mensch, die Sehnsucht ist groß, ihm nah zu sein und es gibt da auch Dinge, außer Sex, die mit ihm oder ihr gemeinsam mehr Spaß machen, dann weiter so. Wie, es klappt nicht mit dem Sex? Ups, da stimmt was nicht. Daran arbeiten bringt nicht viel. Man kann nichts erzwingen.Die Chemie stimmt nicht.Lieber Freunde bleiben.

Aber wir nehmen den Fall an, alles ist okay. Nun heißt es, dieses Pflänzchen, das junge Beziehung heißt, in einen kräftigen Baum, der dauerhafte Partnerschaft heißt, zu verwandeln, wachsen zu lassen. Das packen wir an, wie die Gärtner in der Baumschule. Wir hegen und pflegen das Pflänzchen. Wir kümmern uns um seine Bedürfnisse, aber lassen ihm auch genug Luft zum atmen. Zuviel Dünger schadet auch. Aber Wasser braucht es regelmäßig. Wenn es stürmt, dann geben wir ihm eine Stütze. Wenn es kalt ist, wickeln wir es ein und wir bekämpfen das Ungeziefer. Ab und an beschneiden wir die Äste, damit es gerade wächst. Und wir bewundern es, wenn es schön wächst und loben seine Blüten, seine grünen Blätter und wenn es größer wird, die Früchte, die es trägt.

Was heißt das für uns Partnerwesen?
Jeder ist mal der Gärtner und mal das Bäumchen!

Die Luft zum atmen ist die Freiheit, dass man sich auch in einer Partnerschaft nicht einengt und jeder auch seinen eigenen Bedürfnissen, sei es ein Hobby oder Sport oder Treffen mit Bekannten, Verwandten, nachgehen kann, ohne das der andere deshalb ausflippt. Das ist wichtig, damit man sich etwas zu erzählen hat, Interessen, die man mit dem Partner nicht teilt, sollten nicht verkümmern. Das macht nur frustig. Außerdem stärken Dinge, die man allein geschaffen oder geschafft hat, das Selbstbewusstsein. Das verhilft einem zu einer positiven Ausstrahlung und das macht uns letztendlich anziehend. Erfolg teilen zu können, ist ein klasse Gefühl!

Zuviel Dünger wäre bei uns, den anderen mit seinem Gehabe und Getue zu erdrücken. Zuviel des Guten ist gefährlich. Es bringt einen in ein Abhängigkeitsverhältnis. Geschenke erfordern Gegengeschenke oder Gegenleistungen und diese Wissen drückt mit der Zeit auf das Gemüt und auch auf die Beziehung. Man fühlt sich bezahlt oder gekauft. Das ist nicht jedermanns Sache. Das richtige Maß zu finden für Investitionen oder Ansprüche jeglicher Art in einer Beziehung ist nicht ganz einfach. Man muss ein gemeinsames Level finden. Darüber sollte man auf jeden Fall reden!!!

Das tägliche Wasser = dem Partner Aufmerksamkeit zu schenken, für ihn da zu sein, nicht nur, wenn er Hilfe braucht, das ist enorm wichtig. Ein kurzer Anruf in der Mittagspause, vielleicht nicht jeden Tag, das könnte als Kontrolle gedeutet werden, oder mal ein Liebesbrief, eine SMS, ein Zettelchen in der Butterbrotdose oder Jackentasche, eine Tulpe hinterm Scheibenwischer….
Wenn man das Gefühl hat, das der Partner auch an einen denkt, wenn man getrennt ist, dann kann sogar eine Fernbeziehung glücklich sein.

Die Stütze zu sein, wenn der Partner in Not ist, sei es Krankheit oder Kummer und bei Kälte Wärme zu geben ist eigentlich verständlich und sollte das natürlichste der Welt sein. Hinter dem Partner zu stehen und ihn aufzufangen bevor er fällt, zusammen an einem gemeinsamen Strang zu ziehen, das ist wichtig. Und das gemeinsame Ziel vor Augen zu haben.

Das Ungeziefer bekämpfen heißt, den inneren Schweinehund zu bekämpfen. Das können verschiedene Ungeziefer sein. Dinge wie grundlose Eifersucht oder Neid auf beruflichen Erfolg des anderen oder Streit wegen Kleinigkeiten zu suchen.
Die schlimmsten Ungeziefer jedoch sind das Schweigen und die Untreue. Schweigen über Bedürfnisse und Wünsche, aber auch über Dinge, die uns stören. Leute, macht den Mund auf und redet miteinander. Nichts in sich reinfressen. Der Kloß wird sonst immer dicker und dicker und irgendwann spuckt ihr ihn aus, weil er euch den Hals zudrückt und dann zerdrückt er das Bäumchen, schwupp und platt ist es und lässt sich nicht mehr aufrichten. Lieber die kleinen Brocken ausspucken, die kann es verarbeiten, ihr könnt sie ausdiskutieren. Man macht es sich gemütlich und kuschelig und redet sich alles von der Seele und dann

sucht man gemeinsam den Weg, diese Dinge aus der Welt zu schaffen. Wenn beide wollen, kein Problem und hinterher hat man sich auch noch lieb. Bloß nicht nachtragend sein, auch mal verzeihen können und nicht nur das schlechte sehen wollen. Gerecht bleiben und auch diplomatisch sein sollte man und nicht an allem und jedem herumnörgeln. Auch die eigenen Schwächen analysieren und darüber nachdenken, was der Partner einem eigentlich übel nehmen könnte, aber nicht tut. Jeder kennt doch seine „Fehlerchen". Vieles ist es nicht wert, darüber zu reden. Mit einem bisschen guten Willens erledigt sich manches von selbst. Sollte es doch mal richtig krachen, dann lieber jeder für sich das Weite suchen und nachdenken warum und wieso die Situation derart eskalieren konnte und dann das Gespräch wieder suchen Sich vertragen tut nicht weh. Daran erinnern, was man an dem Partner oder der Partnerin hat, warum man sich in den- oder diejenige verguckt hat, dann fällt die Versöhnung leichter. Versöhnung ist, vor allem im Bett, absolut empfehlenswert!

Mit der Untreue ist das so eine Sache. Ich halte es mit dem alten Spruch, Appetit holen (gucken und scherzen) darf man, gegessen wird zu Hause. Wenn eine Partnerschaft glücklich und sexuell erfüllt ist, hat keiner das Bedürfnis untreu zu sein. Auch im Suff nicht. Diese faule Ausrede habe ich mir anhören müssen. Es tut genau so weh, wie von einem nüchternen Partner betrogen zu werden. Überhaupt ist übermäßiger Alkoholkonsum eines Partners oft der Beziehungskiller. Alkohol verdirbt den Charakter. Da ist viel Wahres dran. Übermäßiger und regelmäßiger Alkoholkonsum führt zu Bewusstseins- und Persönlichkeitsveränderungen, da bei einem Vollrausch sehr viele Gehirnzellen absterben, aber nicht alle neu gebildet werden. Das ist sogar wissenschaftlich erwiesen und irgendwie doch auch logisch?

Was heißt nun, die Äste beschneiden?

Es heißt, das eigene Verhalten in der Partnerschaft ab und an auf den Prüfstand zu stellen.

Wenn alles so normal wird mit der Zeit, dann vergisst man einiges. Man lässt Dinge weg, die man am Anfang der Beziehung gemacht hat. Es geschieht aus der Normalität heraus, verschwindet im Alltagstrott. Das sind solche Dinge wie der „Gute-Morgen-Kuss" oder das „in den Mantel zu helfen", mal Blumen mitzubringen oder mal wieder die sexy Unterwäsche vom ersten Date anzuziehen oder ihr die Autotüre aufhalten. Die zu lang gewordenen Äste zu stutzen, solche Dinge nicht herauswachsen zu lassen, sind ganz wichtig für eine Beziehung. Sie geben uns immer wieder das Gefühl, der andere denkt an mich, ich bin ihm wichtig.

Es ist so ein schönes Gefühl, verehrt zu werden. Und es ist ein schönes und wichtiges Gefühl, bewundert und gelobt zu werden und auch Dank zu erfahren, weil nichts im Leben selbstverständlich ist. Wer hat schon Lust, jeden Tag den Tisch hübsch zu decken oder jeden Samstag das Auto zu waschen oder den Rasen zu mähen oder sich regelmäßig die Haare schön zu machen, es gibt so viele Dinge, die wir tun müssen, auch wenn sie uns nicht sonderlich viel Spaß machen, aber wir tun sie auch für unsere Partner und wenn sie registriert und beachtet werden, dann ist es nur noch halb so wild und vieles macht dann auch Spaß, weil man weis, das es dem anderen Freude macht und er es auch zeigt.

Ich denke, das man eine glückliche Partnerschaft erleben kann, wenn beide es wollen und daran arbeiten, nur dann!!

Der kleine und große Luxus

Was ich in meinem Leben nie gebraucht oder vermisst habe, war Luxus. Ich hatte auch nie welchen. Zumindest keinen, wie ihn die Stars oder Promis haben. Diesen richtig großen Luxus. Den kleinen Luxus eines leckeren Essens, eines Friseurbesuchs oder einer kleinen Shoppingtour gönne ich mir, sobald ich es mir finanziell leisten kann, denn irgendwo bin ich ja auch nur eine Frau, zwinker, aber manchmal in stillen Stunden, habe ich ganz andere Wünsche:

Wünsche

Ich wünsche mir über die Welt zu fliegen,
wie ein Adler mit ganz großen Schwingen.
Alles unter mir würde dann ganz klein,
all meine Ängste würde ich bezwingen.

Ich würde gern durch tiefe Meere
schwimmen,
wie ein Wal, mit mächtigen Flossen.
Alles über mir würde ich nicht mehr hören
Und keiner könnte meine Ruhe stören

Ich würde gern tief in die Erde kriechen,
wie ein Maulwurf mit starken Krallen.
Um mich herum würde ich kein Elend mehr sehen.
Auch kann man ganz unten nicht mehr tiefer fallen.

Ich wünsche mir mal die Regierung zu sein.
Eine Königin mit all ihren Möglichkeiten.
Allen Menschen und mir selbst

etwas Gutes tun
Und endlich mal bessere Wege beschreiten

Doch selten werden Wünsche wahr,
so sehr wir es auch hoffen.
Die Realität ist viel zu nah,
macht uns dies auch betroffen.
„Jeder ist seines Glückes Schmied“,
sagt der Volksmund weise.
Jeder Mensch geht seinen Weg,
der Eine laut und der Andere leise.

Eine Straße auf Djerba

Arbeit

Arbeiten ist zur Glücksache geworden. Wenn Du Arbeit hast und Du Dich dort auch nur einigermaßen wohl fühlst, dann beherzige meinen Rat: Halte diesen Job fest. Wenn sie Dich aber nicht mehr wollen, dann scheiß drauf, dann haben sie Dich auch nicht verdient. Es liegt nicht mehr an Dir, es dreht sich alles nur noch um das liebe Geld. Jeder ist nur eine Nummer in einem undurchsichtigen System und jederzeit ersetzbar. Ich erlaube mir das zu sagen, denn ich habe alle Nuancen des Arbeitslebens durchexerziert. Ich war selbstständig, Aushilfe, Teilzeitangestellte, Vollzeitarbeiterin, Leiharbeiterin, Arbeitslose, Langzeit-Kranke und Hartz4 – Empfängerin. Ich kenne die Not, das Suchen, den Misserfolg und auch den Druck, dem man ausgesetzt wird, nicht nur von den Ämtern, auf die man angewiesen ist. Von Depressionen kann ich ein Lied singen, ich hab sie hinter mir gelassen, habe den Ausweg daraus für mich gefunden. Es kostet verdammt viel Kraft. Ich habe nicht umsonst den Kopf voll grauer Haare.

Lied für Ausrangierte

Du warst immer fleißig, hast dich schon mit dreizehn
krumm gelegt,
jede Drecksarbeit gemacht, jede Mark für`s Häuschen
rumgedreht.
Um die Kinder durch zu bringen,
hast du die Familie kaum gesehen,
doch das war dir einerlei,
es musste schließlich weitergehen.

Dann machte deine Firma zu, nach dreißig Jahren
konntest du gehen.
Abfindung oder Zeugnis, so was hast du nie gesehen.
Damals haben sie dich gebraucht, hast keine Ausbildung
gemacht,
und nun findest du keinen Job mehr,
wird dir dies zum Vorwurf gemacht.

Du schreibst hundert Bewerbungsbriefe und rennst von
Amt zu Amt.
Musst die Miete zusammen kriegen, deine Frau ist schon
davon gerannt.
Du bist noch keine Fünfzig und man sagt dir, du bist zu
alt.
Deine Erfahrung, ja die zählt nicht,
jung musst du sein und billig halt

Alles geht hier in die Hose!
Zig Millionen Arbeitslose,
Kinderarmut und Kriminalität.

Moral und auch die Ethik,
nichts mehr zählt.
Keiner will mehr auf irgendwen hören,
Gesetze und Regeln niemanden stören.
Was interessiert ist nur noch Geld.
Sie nehmen sich einfach, was Ihnen gefällt!

Du gehst zu jeder Wahl, hoffst das danach alles besser
wird,
hast dir nen Kandidaten ausgesucht, in der Hoffnung
das er etwas bewirkt.
Die Partei hat viel versprochen, doch gehalten hat sie es
nicht,
es kam wieder alles anders, keiner zeigt sein wahres
Gesicht.

In unserm land da liegen die Fäden nicht in der Hand der
Politik.
Das sind nur die Marionetten von den Bonzen , die mit
Geschick,
auf den Knochen von uns Bürgen ihren Geldsack voller
machen.
Zugucken wie wir schuften und über unsere Dummheit
lachen

Schicksal

Im Jahr 2005 war ich zur Kur. Wegen meiner Depressionen und daraus resultierender psychosomatischer Erkrankung. Angeblich, denn so haben es die Ärzte ausgedrückt. In Wirklichkeit war ich krank, weil meine Umwelt mich krank gemacht hat. Auf Arbeit wurde ich massiv gemobbt und mein langjähriger Lebensgefährte entpuppte sich als Alkoholiker. Außerdem hatte zu dieser Zeit drei Bandscheibenvorfälle, die keineswegs psychosomatisch waren, sondern wirklich vorhanden, genau wie die Fibromyalgie, die durch eine Infektion bei mir ausgelöst wurde und durch meinen damaligen Hausarzt nicht mit Antibiotika behandelt worden war. Egal, ich habe es überlebt, aber das ist nicht die Geschichte, die ich erzählen möchte:

Dort während der Kur lernte ich eine Mitpatientin kennen und freundete mich mit ihr an. Während der Untersuchungen in der Kur stellte man bei ihr einen Tumor in der Brust fest. Daraufhin fiel sie in ein tiefes seelisches Loch. Diese Frau verlor ihren gesamten Lebensmut und sie tat mir unendlich leid. Es machte mich traurig, wie ein vorher so lebenslustiger Mensch sich einfach aufgab. Wir sprachen viel miteinander und sie erzählte mir ihr ganzes Leben. Sie hatte viel Pech gehabt, viel verloren und viel gelitten. Ich denke, das war es auch, was sie letztendlich krank gemacht hat. Ihr Körper hatte keine Kraft mehr, sich gegen die Krankheit zu wehren. Die Diagnose warf sie total aus der Bahn. Wir blieben auch in Verbindung, nachdem die Kur beendet war. Ich stand ihr bei, machte ihr Hoffnung und versuchte ihr zu helfen, all die Dinge wieder zu sehen, die das Leben lebenswert machen. Leider gelang es mir nur kurze Zeit. Irgendetwas geschah während dieser Zeit mit unserer Freundschaft. Sie hatte Geldprobleme und war nicht ehrlich zu mir. Obwohl es mir selbst schlecht ging, half ich ihr aus der Patsche, aber sie log mich an, nutzte meine Gutmütigkeit aus. Ich habe im Guten alles versucht, aber wie so oft hörte bei Geld die Freundschaft auf. Übrig blieben zwei Lieder, die ich für sie geschrieben hatte:

Hoffnungsschlüssel

Da kommen dicke Wolken auf dich zu.
Von einem Moment zum anderen
rauben sie dir deine Ruh.
Du fürchtest dich,
siehst keinen Ausweg mehr.
Verdammt noch mal,
dann rück mal zu mir her.

Ich geb dir einen Schlüssel in die Hand
Und verspreche dir,
daran ist ein starkes Band.
Halt dich daran fest und glaube mir.
Der Schlüssel bringt die Hoffnung
zurück zu dir.

Nun packe zu und zieh und
gib nicht auf.
Schiebe die Wolken weg,
ändere einfach ihren Lauf.
Ich weis du hast Angst,
fühlst dich so allein,
doch ein Schutzengel
wird immer bei dir sein.

Der Schlüssel ist zwar klein,
aber doch sehr stark.
Er war rostig und auch Schief,

als ich ihn barg.
Ich putzte ihn
und er fing zu leuchten an.
„Habe Hoffnung, glaube an Heilung," stand daran.

Mir hat er schon geholfen,
brauche ihn nicht mehr,
und weil ich dich gern mag,
gebe ich ihn her.
Nimm ihn an und du wirst stark
und nicht alleine sein.
Glaube versetzt Berge,
du wirst noch lange bei uns sein.

Was Leben heißt

Am Schicksal hadern viele,
tagein und tagaus.
Die Sorgen von der Arbeit,
in der Schule und zu Haus`.
Das Päckchen des Lebens zu tragen,
fällt uns oft so schwer,
es wiegt und belastet
und schmerzt uns auch sehr.

Du kränkelst nur herum
und hältst die Einsamkeit kaum aus.
Hast schon lange nicht mehr gelacht
und gehst nicht mehr aus dem Haus.

Deine Kinder haben dich vergessen
und die Nachbarn kennst du nicht,
doch hast du dich mal gekümmert, komm sei ehrlich,
sicher nicht.

Anscheinend hast du wohl vergessen,
was wirklich für dich zählt.
Da sind Menschen, die dich lieben,
die deine Miese Laune quält.
Lasse dich nicht weiter so hängen,
tue endlich was für dich.
Ruf die Kinder an und alte Freunde, glaube mir, sie
freuen sich.

Auch bei allen Strapazen
darfst du eines nicht vergessen.
Es gibt nicht nur das schlechte
auf dieser unserer Welt.
Sich über kleine Dinge freuen,
zusammen lachen, ein schönes Essen
Steh endlich wieder auf
und tu alles, was dir gefällt.

Refrain:
Was Leben heißt,
steht im Lexikon beschrieben,
was es dir bringt,
das steht dort leider nicht.
Das ist auch in keinem
noch so schlauen Buch zu finden,
doch steht es geschrieben
in so manchem Gesicht

Seit dieser Zeit tue ich mich schwer damit, neue Freundschaften zu schließen. Sicher hätte ich gern eine Freundin für die „Frauensachen". Shoppen macht halt mit einer Gleichgesinnten doppelt Spaß und man kann mit einer Freundin auch ganz anders reden, als mit dem Partner oder der Familie. Auch macht ablästern nur mit der Freundin so richtig Spaß. Aber ich scheue es, mich jemandem zu öffnen oder habe noch nicht die Richtige gefunden. Ich bin deshalb nicht kontaktarm. Ich gehe ins Fitnessstudio und habe eine Zeit lang im Kirchen-Gospelchor mitgesungen. Leider ging letzteres aus Zeitgründen nicht mehr, als ich meine neue Stelle antrat. Das war traurig, denn ich singe sehr gern und die Geselligkeit war klasse.

Ich liebe Tiere

Schon mein Leben lang habe ich eine besondere Beziehung zu den Tieren. Ich bin mit ihnen aufgewachsen und könnte nicht ohne Tiere leben. Immer war ich von irgendwelchem Gekreuche und Gefleuche umgeben. Ich hatte Vögel, Hamster, Meerschweinchen, Kaninchen, Wüstenrennmäuse, Fische, Katzen und Hunde. Hätte am liebsten ein Pferd gehabt oder gleich einen ganzen Bauernhof, aber das ging leider nicht.
Momentan teilen vier Katzen und ein Kaninchen mein Leben mit mir. Gern hätte ich auch einen Hund, aber mein Vermieter hat etwas dagegen.
Hunde sind irgendwie die besseren Menschen. Einige Hunde habe ich gehabt und ich muss sagen, einen besseren Freund kann man nicht haben. Sie gehen überall mit dir hin, ohne zu murren. Sie beschützen dein Heim und dich sowie alle, die zu deiner Familie gehören. Meine Hündin Mary, die ich acht Jahre haben durfte, war einzigartig. Sie verstand jedes Wort und war mein Schatten. Wenn ich traurig war, so heiterte sie mich auf und wenn ich krank da lag, blieb sie bei mir und wachte an meinem Bett, bis es mir besser ging. Dieser Hund hat mich sogar davon abgehalten, riesige Dummheiten zu machen. Als ich sie vom Tierarzt erlösen lassen musste, leckte sie in ihrer letzten Lebensminute meine Hand Ich vermisse sie so unendlich, immer noch, nach all den Jahren und nichts kann sie ersetzen.

Ode an meinen Hund

Schon morgens früh stehst du an meinem Bett
und begrüßt mich überschwänglich nett,
als hättest du mich lange nicht gesehen
und wartest geduldig, bis wir spazieren gehen

Du bist genügsam, quirlig, ehrlich
Und für mich so unentbehrlich.
Der beste Freund an meiner Seite.
Du liebst mich, ob ich nun hässlich bin oder pleite

Ohne mich gehst du nicht aus dem Haus
Und lässt keine Launen an mir aus.
Du bist immer da und zum schmusen bereit
und gehst mit mir mit, egal wie weit.

Deine Treue ist so fest
Und mich an den Menschen zweifeln lässt.
Du machst mir Freude, hältst mich gesund,
mein bester Freund, mein guter Hund

Wie mein Schatten bist du da,
genau so selbstverständlich nah.
Teilst mit mir Freude und auch Leid,
vertreibst mir meine Einsamkeit

Angsthase

Von jeher bestimmten Ängste mein Leben. Heute noch habe ich eine wahnsinnige Angst vor dem Alleinsein. Ein Grausen überkommt mich, wenn ich daran denke, das ich einmal alt und einsam übrig bleibe. Oder das ich krank werde, so richtig schlimm krank und leiden muss. Alles Ungewisse macht mir irgendwie Angst. Wenn ich einmal sterbe, möchte ich verbrannt werden. Zum ersten ekele ich mich vor Insekten wie Fliegen und Maden. Ich will nicht von irgendwelchen Würmern gefressen werden und stinkend verfaulen. Schließlich habe ich all die Jahre diesen Körper gepflegt und versucht, immer gut zu riechen. Außerdem habe ich Platzangst. Wenn ich mir vorstelle, ich könnte doch noch nicht ganz tot beerdigt werden und würde zwei Meter unter der Erde aufwachen, nee, nee, ohne mich. Verbrennen ist so schön endgültig und sicher. Außerdem soll meine Asche dann irgendwo in ein Blumenbeet oder ins Meer geschüttet werden. Ich will nicht, das meine Kinder dreißig Jahre mein Grab pflegen müssen. Sie sollen lieber an mich denken und wenn ich wirklich in eine andere Dimension gehe und ihr Schutzengel sein kann, dann ist das für mich ein tröstlicher Gedanke. Und das viele Geld, das sie dann sparen, können sie bestimmt für andere Dinge besser gebrauchen. Vielleicht zünden sie ja dann mal für mich eine Kerze an, das würde mich freuen.
Ich war auch einmal in einem Wallfahrtsort und habe Kerzen angezündet. Ich fand es irgendwie sehr feierlich.
So, aber nun Schluss mit diesem düsteren Thema. Ich bin noch jung und genieße das Leben, lach. Ja ich habe noch viel vor. Zuerst mal, dieses Buch zu Ende schreiben und dann, beruflich noch was auf die Reihe bekommen, meine Kinder erwachsen werden sehen können und vielleicht auch mal Enkel zu haben. Ich will unbedingt noch etwas von der Welt sehen und natürlich mit meinem Bengelchen glücklich sein. Manchmal habe ich Angst, das mir die Zeit einfach so davonläuft. Ich habe das Gefühl, das sich die Uhren viel schneller drehen, als noch vor ein paar Jahren.

Wenn man jung ist, kommt einem das Leben so lang und unendlich vor, nun zähle ich die Jahre, habe vielleicht die Hälfte überschritten. Ich bete zum lieben Gott, das er mir genug Zeit lässt, um mir wenigstens noch ein paar Träume erfüllen zu können. Manchmal habe ich Angst, versagt zu haben, irgendwie nicht genug getan zu haben, meinen Kindern nicht genug gegeben zu haben, damit sie für ihr Leben gerüstet sind, obwohl mir das bisherige Resultat meiner Erziehung sehr gut gefällt. Meine Kinder sind alle höfliche, freundliche und liebenswerte Menschen mit guten Manieren, Sinn für Anstand, sehr hilfsbereit und aufgeschlossen. Und natürlich intelligent. Das haben sie von mir geerbt. (Wenn ich das so lese, sollte ich mir vielleicht keine Gedanken um sie machen?)

Früher hatte ich Angst vor dem Teufel, vor dem Bösen habe ich immer noch Angst, doch ich definiere es nicht mehr als Person. Das Böse ist ja, wie das Gute, überall zu finden und steckt in jedem von uns. Der starke Mensch hält es in Zaum, kämpft erfolgreich dagegen an und es wird kraftlos. Doch leider gibt es so viele schwache Menschen, die ihm freien Lauf lassen, zumindest zeitweilig. Die Gefängnisse sind voll davon. Die verblendeten Menschen, die den Glauben missbrauchen, sind nichts anderes als dem Bösen verfallen. Sie sind zu dumm oder ungebildet, um es zu bemerken. Dieses Böse macht mir Angst. Sie haben die Macht, die Welt zu zerstören, in der wir alle doch leben wollen. Hass ist eine so starke Waffe und so ansteckend.
Ach ich will dieses Thema nicht weiter ausführen, es gefällt mir nicht und ändern kann ich auch nichts daran, obwohl eine innere Stimme mir sagt, ich soll meine Meinung ruhig kundtun, wenn ich einen erreiche und überzeugen kann, dann habe ich schon etwas erreicht. Wovon überzeugen? Natürlich vom wahren Glauben, das Gott da ist und nichts Schlechtes von uns verlangt. Er will keine Opfer, keine Kriege in seinem Namen, er will das wir seine Botschaft leben und sein Geschenk des Lebens, das was wir sind

und haben, zu ehren und das Leben, egal ob von Mensch oder Tier oder Pflanze, zu achten. Die Welt in der wir leben kann nur anders und besser werden, wenn alle Menschen diese Erkenntnis bekommen. Schützt das, was schwächer ist, als ihr. Bewahrt Frieden, das ist das wertvollste, was wir haben. Respektiert den Nächsten und pflegt euch selbst. Egal welchen Namen ihr Gott gebt, er ist doch ein und derselbe. Glaubt an das Ursprüngliche und nicht an das, was Menschen daraus gemacht haben.

Ich glaube und hoffe und bete, das, was ich hier geschrieben habe. Ich bemühe mich, niemanden zu verletzen und tue jeden Tag mein Bestes. Mehr kann ich nicht. Doch wenn alle so denken würden, wäre die Welt um vieles besser, davon bin ich überzeugt. Und wenn die Menschen offen und ohne sich zu beschimpfen miteinander reden würden, das würde auch schon viel bringen. (Ich weis, das ich mich in meinem Buch hier wiederhole, aber es ist mir halt wichtig.)

Die ganz kleinen Sünden, die wir uns erlauben, damit der Spaßfaktor in unserem Leben erhalten bleibt, die klammere ich mal aus. Und ich denke, das es noch nicht einmal alles Sünden sind, was wir so als Sünde im Sinne der Kirchen anstellen. Man nehme die sexuelle Leidenschaft. Wenn sie nur im Sinne der Fortpflanzung einzusetzen wäre, warum fühlen wir dann so intensiv dabei? Warum wäre es dann nicht wie bei den Tieren nur ein natürlicher Akt? Ich denke, der liebe Gott hat uns diese Fähigkeit gegeben, weil er auch ein Gönner ist. Und wer denkt etwas schlechtes, wenn er oder sie im Arm eines geliebten Menschen liegt, entspannt und glücklich nach einem Orgasmus einschläft? Es hat noch niemand einen Krieg im Bett angefangen Immer entstanden Kriege irgendwo am Schreibtisch und getrieben von Gier, nie aus Liebe. Ich habe Angst, das die Menschheit all ihre Prinzipien und Gefühle für Ethik und Recht verliert, all den Respekt vor dem Leben. Wir haben schon so viel Gutes verloren, das nun unwiederbringlich fort ist. Man nehme nur den Verlust der Achtung der jüngsten und jüngeren Generation vor älteren und schwächeren

Menschen und dem Eigentum anderer Leute. Da haben die Eltern oder die Gesellschaft doch etwas versäumt, denke ich manchmal und ich habe Angst, einmal damit konfrontiert zu werden. Ich weis ganz genau, das ich nicht schweigend zusehen kann. Obwohl ich auch ein großer Feigling bin, aber in extremen Situationen wachse ich über mich hinaus. Aber da ich weis, das viele Menschen die Augen verschließen, werde ich in so einem Fall wahrscheinlich die Dumme sein und letztendlich keine Hilfe bekommen. Das macht mir Angst.

Angst ist aber auch wichtig, denn sie bewahrt uns vor Leichtsinn, vor Übermut. Sie ist eine natürliche Abwehrfunktion des Körpers, schärft unsere Sinne und macht uns sensibel für Gefahr.
Seit ich das weis, macht es mir nichts aus, das ich ein Angsthase bin. Wenn ich Angst vor tiefem Wasser habe und weis, das ich nicht gut schwimmen kann, bewahrt mich die Angst schließlich vor dem Ertrinken.

2006/11/08

Was ich nicht mag

Manchmal liebe ich das kritisieren. Ich kritisiere Geschäftsgebaren, Produkte und Dienstleistungen. Ich habe mir irgendwann einmal vorgenommen, mir nichts mehr gefallen zu lassen.

Ich teile es den Ganoven mit, wenn ich das Gefühl habe, das sie nur mein Bestes, nämlich zu viel von meinem Geld. Eine meiner größten Enttäuschungen war eine spontane Bestellung in einer Fastfoodkette. Ich habe mich so was von verarscht gefühlt. Auf den Plakaten und in der Werbung war die Shrimpsburgerscheibe doppelt so groß! Als ich die Brötchenhälften suchend auseinander klappte, habe ich gedacht, die hätten das Fünfmarkstück wieder eingeführt. Und das Ding war so trocken, hätte ich gehustet, hätte es eine Staubwolke gegeben. Das Ding muss in der Fritteuse eingelaufen sein und der Koch war blind.

Vor kurzem habe ich an einen Konservenhersteller geschrieben, dessen Ravioli sind der Obergau. Dreißig Liter Soße und die Raviolis muss man suchen. Ich wollte jedoch kein Suchspiel, sondern satt werden. Ich hab mal ne Dose aufgemacht und die Ravioli herausgefischt. Zwei Drittel der Konserve besteht nur aus dieser faden rotgefärbten Mehltunke, genannt Tomatensoße. Das angebliche Fleisch in der Soße wurde wahrscheinlich mit der Pistole hinein geschossen, aber aufgrund der mangelnden Trefferquote habe ich kaum etwas davon gefunden. Na gut, mir war auch langweilig und ich hatte nichts besseres zu tun. Ich hab sogar die Raviolis gezählt und fotografiert. Und eigentlich hatte ich dann auch keinen richtigen Hunger mehr.

Meine Mutter hat mal eine Dose Hundefutter gekauft und da haben die doch tatsächlich vergessen, die „fleischigen Brocken" hinein zutun. War eine ganze Dose voll Glibber. Unser Hund hat vielleicht blöd geguckt, als er den Napf sah. Wir haben das Zeug dann weggeworfen. Meine Mutter hat die Auskunft angerufen und sich doch tatsächlich beschwert und recht bekommen. Es war eine komplett falsch befüllte Charge. Daraufhin kam nach ungefähr drei Wochen mit der Post ein Paket mit 48 Dosen Hundefutter der besten Qualität zur Wiedergutmachung. Das nenne ich Kulanz!

Fremdgeher

Was ich auch nicht leiden kann sind Fremdgeher. Ich bin der Ansicht, wenn es in einer Beziehung nicht mehr so läuft, sollte man ehrlich zueinander sein und gemeinsam überlegen, ob man etwas ändern kann. Sprechenden Menschen kann geholfen werden. Wenn es denn gemeinsam keinen Weg mehr gibt, ist es besser, sich zu trennen. Dann kann man Freunde bleiben und muss sich nicht gegenseitig noch verletzen. Es gibt viele Gründe, warum eine Partnerschaft zerbrechen kann. Ich denke, das der Mensch sich im Laufe seines Lebens stark verändert. Was vor zwanzig Jahren noch prima passte, muss ja nicht zwangsläufig auch heute noch passen. Schuhe, die einem zu eng geworden sind, sollte man eigentlich auch weggeben. Manche aber stellen sie jahrelang in den Schrank und tragen dann andere. So machen es auch viele Ehemänner mit ihren Frauen. Sie behalten sie, wie Schuhe die zu eng, aber zum abgeben zu schade sind. Anziehen tun sie aber ein Paar neue. Diese armen Frauen, die wie die abgelatschten Schuhe weggestellt werden und sich auch noch damit abfinden, die tuen mir richtig leid. „Liebe Genossinnen, findet ihr es normal, keinen Sex mehr zu haben?" Es ist nicht normal. Gut ihr werdet jetzt sagen: „Ich habe kein Verlangen nach Sex mehr!" Irrtum!!! Oder eure Männer sagen . „Du bist ja frigide!" Schwachsinn!! Weder das eine noch das andere ist zutreffend. Das einzige Problem ist: Aus Eurer Beziehung ist die Luft raus!
Ich habe das mehrmals erlebt. Wenn der Sex keinen Spaß mehr macht, dann ist die Kacke schon gewaltig am dampfen. Glückliche Paare haben bis ins hohe Alter Freude am sexuellen Zusammensein. Je älter man wird, um so schöner und besser wird es. Das Know-how und die Erfahrung und dann das Vertrauen , dass man sich bei dem geliebten Partner fallen lassen kann und man weis, das man aufgefangen wird, macht die Sache erst so richtig rund. Die besten Orgasmen hatte ich mit über vierzig

Jahren. Mir tat auch das Wissen gut, das ich nicht mehr aufpassen musste, schwanger zu werden.

Also Mädels, ihr seid keine abgelatschten Schuhe, ihr müsst nur mal wieder neu besohlt werden und wenn der Alte sich lieber woanders amüsiert, dann werft ihn doch gleich ganz raus. Soll die Andere ihm doch seine Hemden bügeln und ihn bekochen. Keine Angst vor dem Verhungern. Es findet sich immer eine Möglichkeit. Lieber arm und glücklich (zur Not mit Hartz IV), als versorgt und betrogen und erniedrigt zu werden. Keine Frau kann mir erzählen, das es ihr nichts ausmacht, wenn ihr Mann untreu ist, außer sie hat ebenfalls einen Lover. Dann ist es okay, wenn es für alle Beteiligten okay ist. Gleiches Recht für alle, denke ich. Manche Frauen haben aber ihren Möchtegern-Fremdgeher einfach unter Kontrolle. Über so einen Mann, der sich für den größten Aufreißer hält, allerdings total unter dem Pantoffel steht, habe ich folgenden Song geschrieben:

Gaby ruft an

Wenn er am Kneipentresen steht ist er ein ganzer Mann,
gibt mit Auto, Haus und seiner Kohle an.
Sieht er eine Frau, einen steilen Zahn,
bläst er sich auf, wie ein Schwan
und prahlt vor seinen Freunden,
das ihm keine widerstehen kann.

Refrain:
Und dann ruft seine Gaby an und schon schrumpft der
Mann
zu einer Kleinigkeit in sich zusammen.
Er sagt am Handy kleinlaut: „Ja"
und dreht sich um und geht,
und ein jeder seiner Kumpels
grinsend versteht....

Montags im Kegelclub ist er der große Held,
der eine Runde nach der anderen bestellt.
Ist er mit Kegeln dran,
spannt er die Muskeln an
Und prahlt: „ Nach dem Kegeln fängt er noch was Tolles
an!"

Refrain:
Und dann ruft seine Gaby an.......

Neulich im Kaufhaus war er
mit einer jungen Frau,
suchte heiße Wäscheteile mit ihr aus.

Seinen Bauch eingezogen
und die Hand am Portemonnaie,
denkt er. „ Gleich nimmt sie mich
mit nach Haus."

Da tippt ihn seine Gaby plötzlich an und fragt:
„Sag mal, was machst du denn hier?"
Und schon schrumpft der Mann
in sich zusammen!
Er sagt kleinlaut: „Nichts"
und dreht sich um und geht
und die Freundin allein und platt
im Laden steht.

Glückliche Gänse in einem Zoo

Meckerei

Was ich am wenigsten ab kann, wie es meine Kinder immer so schön ausdrücken, sind Menschen, die nur am meckern sind. Mich stört nicht nur die Tatsache, dass es wissenschaftlich erwiesen ist, dass diese Menschen älter werden, als die Gutmütigen, die Ruhigen, die Netten, die sterben früher, nein, mich stört einfach, dass sie ihr Maul aufreißen, aber ändern tun sie nichts. Sie tuen einfach nichts, außer lamentieren, diskutieren. Phrasen schmieden und meckern, nörgeln, rummosern.

Nehmen wir zum Beispiel mal den

„Mecker- Rentner".

Der Mecker-Rentner, egal ob weiblich oder männlich steht morgens aus dem Bett auf und schon ist sein Gesicht so lang, das er sich bald darauf tritt. Er hat noch nicht in den Spiegel gesehen, und mosert schon übers Altwerden, nur weil ein paar Gelenke beim aufstehen geknackt haben. Dann meckert er über das Frühstücksei, das seit dreißig Jahren zu hart gekocht ist und scheißt erst mal den Zeitungsboten bei seinem Vertrieb an, weil er es gewagt hat, die Zeitung fünf Minuten später gebracht zu haben als sonst. Er hat erst die Überschriften gelesen und schon geht es weiter. Die Politiker sind alle Verbrecher und die Richter viel zu milde. Früher hätte es dies und das nicht gegeben und es war ja auch alles viel besser, leichter und natürlich haben sie auch vergessen, das ihre Schulfreunde in Auschwitz vergast wurden. Aber das hat man ja nicht gewusst, damals, ja sie haben doch nichts mit bekommen. Und sie waren ja auch auf keinen Fall beteiligt.
Wenn der Mecker-Rentner dann Langeweile hat, geht er einkaufen oder zum Arzt. Wenn sie jetzt denken, er ist krank oder er hat nichts mehr im Haus, Nein!!! Irrtum!!!
Wirklich nur aus Langeweile geht der Mecker- Rentner in die Stadt. Natürlich muss er mit dem Bus fahren, in dem die

ganzen Schulkinder sitzen und sich beschweren, das keines der Kinder für ihn Platz macht. Beim Arzt wird dann erst mal gejammert, was das Zeug hält, damit man auch ja nicht unverrichteter Dinge wieder nach Hause geschickt wird, denn man würde ja die neusten Auflagen des Lesezirkels verpassen. Und das da noch berufstätige Leute mit irgendwelchen Notfällen sitzen, das ist ihm doch gleich, denn die wollen sich ja nur vor der Arbeit drücken. Wenn der Mecker- Rentner Glück hat, dann bekommt er auch noch eine Überweisung zum Facharzt. Der hat vielleicht andere Zeitungen.

Geht der Mecker-Rentner einkaufen, dann natürlich in den Hauptverkehrszeiten. Wenn die Schlangen an den Kassen durch den halben Supermarkt reichen, dann läuft er zu Hochtouren auf. Der Mecker-Rentner kauft sich ein Tütchen Paradiescreme und fünfzig Gramm Weintrauben. Die hat er sich natürlich sorgsam ausgewählt aus den 15kg Stiegen, die ganz unten stehen, damit sie auch frisch sind und hat auch alle abgetastet, ob die Bissfestigkeit gegeben ist. Dann wiegt er sie natürlich nicht ab, denn dafür gibt es doch schließlich Personal. Natürlich hat er sich lautstark und verbal gut verständlich im ganzen Laden über die hohen Preise geäußert und schleicht nun, schwer auf den Einkaufswagen gestützt Richtung Schlangenende an die Kasse. Mit einem kleinen Schubs, fährt er der jungen Frau,die ahnungslos vor ihm steht, den Wagen in die Hacken. Wenn diese sich dann mit schmerzverzerrtem Gesicht zu ihm umdreht, packt er sich an die Brust und stöhnt herzzerreißend. Natürlich darf er vor und die junge Frau mit der blutenden Hacke bittet auch noch den Herrn im dunklen Anzug vor ihr, den armen herzkranken Rentner doch ebenfalls vorzulassen. So schummelt sich unser Rentner im Schneckentempo bis an die Kasse vor. Die Kassiererin muss die Lesebrille aufsetzen um die winzige Menge Trauben zu identifizieren und dann eben in die Gemüseabteilung laufen, um dieselben abzuwiegen. Dann bezahlt unser Rentner mit einer Hand voll Kleingeld, das er langatmig aus seinem Portemonnaie friemelt, nimmt seine

Sachen und trippelt dann, plötzlich frisch wie ein junges Reh, aus dem Laden, nicht ohne sich noch bei der Kassiererin zu beschweren, das sie ihm den Kassenbon nicht gleich ausgehändigt hat.

Er geht dann noch beim Bäcker vorbei und beschwert sich über das Brot, das er in der letzten Woche dort erworben hatte. Es war ja viel zu hart und hätte ihm außerdem solche Blähungen verursacht, das er fast daran gestorben wäre. Damit er endlich sein Maul hält, bekommt er ein neues Brot zum halben Preis und geht heim.

Der Mecker-Rentner lässt an nichts ein gutes Haar. Ihn stört alles und jedes. Spielende Kinder, musizierende Nachbarn. Ich denke ihn stört einfach nur die Tatsache, das es Menschen gibt, die Spaß am Leben haben, die ausgelassen sind. Und am meisten stört ihn, das er sich durch sein Gemeckere selbst ins Abseits geschossen hat und er nun ziemlich einsam ist. Er hat nur noch sein Gemeckere und die Geranien am Küchenfenster..

Die neue grüne Bank war so instabil, das niemand sich traute, darauf Platz zu nehmen, außer meiner Blumen.

Der „Mecker- Chef" :

In meinem Leben habe ich eine Menge Chef's verschlissen. Die meisten gehörten zu den Spezies „Mecker-Chef". Die kennt wohl jeder. Das ist die Sorte, der man nie und nimmer irgend etwas recht machen kann. Egal wie du dich anstrengst, dein Bestes wird ihm nie genug sein. Du wirst nie schnell genug oder ordentlich genug sein. Er ist derjenige, der die Nadel im Heuhaufen ohne zu suchen findet. Der Obermacker überhaupt. Er ist das Nonplusultra, dem keiner das Wasser reichen kann. Er hat immer recht. Und er hat die Macht über Arbeit und Rauswurf. Und die spielt er auch aus! Entweder du spielst sein Spiel mit und nimmst die Leiter hinein in sein Hinterteil, machst also täglich eine Faust in der Tasche und denkst dir nur deinen Teil oder du gehst freiwillig. Nur die Starken können mit seinem Mobbing umgehen. Die anderen macht es krank. Ich bin gegangen, wenn sie mich genervt haben und habe mir einen neuen Job gesucht. Als ich jung war, klappte das prima. In den letzten Jahren, den Zeiten der hohen Arbeitslosigkeit, wurde es dann schwieriger. Zumal der Lebenslauf ziemlich wild wird und je älter man wird, um so weniger Chancen bekommt man. Ich habe allerdings Glück gehabt und nun wirklich ausgesprochen nette Arbeitgeber. Ich werde sogar gelobt, richtig gelobt, wenn ich etwas gut gemacht habe. Das hatte ich noch nie. Ich könnte ihnen die Füße küssen (nur sinnbildlich natürlich…) Daran könnten sich die Mecker-Chef's ein Beispiel nehmen. Die Motivation, gute Arbeit zu machen, ist enorm. Man freut sich zur Arbeit zu gehen, hat Spaß an seinem Job und steckt auch Stress ganz anders weg. Wenn man etwas freundlich gesagt bekommt, auch wenn man mal etwas falsch gemacht hat, verarbeitet man es ganz anders. Gerechtfertigte Kritik bringt einen ja weiter, weil man wieder etwas dazugelernt hat. Man nimmt es nicht übel. Wenn aber der Mecker-Chef einen zusammenstaucht und einem das Gefühl gibt, der letzte Dreck zu sein, das tut verdammt weh. Da verlierst du total die Lust. Du kannst auch in den meisten Fällen nicht nachvollziehen, was du eigentlich falsch gemacht hast. Es hat vielleicht auch gar nicht an dir gelegen, das die Arbeit nicht geschafft wurde. Es waren vielleicht viel zu wenig Leute da. Aber diese Tyrannen verlangen das Unmögliche, aber nur, damit sie das Oberwasser behalten können.

In Wirklichkeit sind Mecker-Chef's kleine Würstchen, die unter dem Pantoffel von Mama oder Gattin stehen. Es sind die Typen, die in der Schule immer verhauen wurden und noch nie guten Sex hatten. Sie können es nicht ertragen, wenn jemand besser, schneller, intelligenter, schöner, gebildeter oder sonst wie überlegen ist und deshalb versuchen sie, ihre Untergebenen klein zu drücken, mit allen ihnen zur Verfügung stehenden Mitteln. In ihrer Freizeit gehen sie am liebsten in ein Sado-Maso-Studio und lassen sich dort von einer Domina den nackten Arsch verhauen.

Mit diesem Hintergrundwissen kann man ihnen richtig souverän entgegentreten. Ich habe mir vorgestellt, das mein ehemaliger Chef in Unterhosen vor mir steht, wenn er mit mir gemeckert hat. Ich konnte ihn dann dabei anlächeln. Das hat ihn so verunsichert, das er den Faden verlor und um sich keine Blöße zu geben, drehte er sich auf dem Absatz um und ging. Es kam nie etwas nach.

Die „Mecker-Tanten" :

Mecker-Tanten können Frauen jeglichen Alters und aus allen Gesellschaftsschichten sein.
Da gibt es die Frustrierten, die Eingebildeten, die alten Jungfrauen und die Dauergestressten.

Die Frustrierten, das sind die, die sich täglich drei mal wiegen und jede Woche eine andere Haarfarbe haben. Sie können essen was sie wollen, sie werden nicht dünner und haben das Gefühl, ein Kilogramm zuzunehmen, wenn sie sich nur beim Bäcker die Auslage ansehen. Sie können sich nicht damit abfinden, Falten zu bekommen und nicht nach der neusten Mode gekleidet zu sein. Von ihnen hört man den ganzen Tag nur: Ich bin so fett (sie wiegen aber nur 45 kg), ich muss was gegen die Zellulitis tun (Man sieht allerdings nicht eine Delle), meine Haare sind ja so was von spröde (aber einmal wöchentlich Friseur, neue Farbe, Strähnchen, Wasserstoffblondierung), ich habe überhaupt nichts zum anziehen (aus dem 5-Meter- Kleiderschrank ist schon die Rückwand herausgeplatzt).
Sie sind nur an sich am herumnörgeln und stehen stundenlang vor dem Spiegel. Jede andere Frau beneidet sie um ihr gutes Aussehen und sie haben meistens auch die geilsten Männer. Ich frage mich echt, was diese Typen an solchen Frauen finden. Aber dazu müsste ich wohl ein Mann sein, um das zu wissen.

Die Eingebildeten, tja die tragen die Nase so hoch, das es ihnen bestimmt hineinregnet, wenn sie den Schirm vergessen. Sie müssen in Geschäften bevorzugt bedient werden und machen viermal im Jahr Wellnessurlaub. Meist essen sie nur Ananas und grünen Salat, allerdings nur von Designergeschirr. Sie haben kleine Hunde mit einem Stammbaum, so lang, wie eine Rolle Toilettenpapier und kennen jedes Modelabel, die angesagten Läden und jeden Starfriseur mit Vornamen. Allerdings haben sie meist einen IQ wie eine Scheibe Toastbrot. Frauen mit Übergewicht sind ihnen ein Gräuel und sie äußern sich lautstark darüber, wie „man so nur herumlaufen kann". Ihnen ist alles zuwider, was rein natürlich ist und sie würden auch nie einen Putzlappen anfassen. Sie haben Angst vor Bakterien und bekommen nie Kinder. Gottseidank!

Die alten Jungfrauen, das sind berufstätige, alleinstehende Frauen, die noch nie einen Mann hatten. Die leben nur für ihren Job und ihre Kakteensammlung oder ihren Dackel. Sie kleiden sich à la graue Maus und näseln ein wenig beim Sprechen Ihre Wohnung haben sie ganz in Rosa oder Beige eingerichtet und der Klodeckel ist umhäkelt. Niemals bekommen sie Besuch und ihr bester Freund ist das Fernsehgerät. Sie meckern über ihre Nachbarn, deren Kinder oder Hunde und rufen wegen jedem Furz den Hausmeister an. Handwerker sind überhaupt die einzigen Männer, die sie freiwillig in ihr Leben lassen, weil sie ja selber nicht in der Lage sind, einen Nagel in die Wand zu hauen. Allerdings müssen die armen Männer sehr nervenstark sein, wenn sie einen Auftrag bei solch einer Person annehmen. Garantiert kommen Reklamationen ohne Ende auf sie zu, denn so ganz ohne soziale Kontakte, kommen die Damen dann doch nicht aus.

Die dauergestressten hyperaktiven, die ewig überdrehten, überforderten, sind meist Muttis mit Kleinkindern und frisch gebautem Eigenheim. Diese Mädels mag ich besonders gern.
Meist treten sie in Rudeln auf. Sie bringen ihre Kinder bis zur 9. Klasse persönlich zur Schule und holen sie auch wieder ab. Nicht nur aus Sorge und wegen dem Kontrollzwang, nein, allein aus dem Grunde, das man sich mit den anderen Müttern austauschen muss. Sie sind ja so im Stress wegen der Familie, das sie sich persönlich nicht entfalten können. Ihr ganzes Leben besteht nur daraus, den Haushalt zum Kriegsgebiet zu erklären und ihren Kindern möglichst jeglichen Freiraum zu nehmen. Schließlich müssen Klavierlehrer, Sporttrainer und Nachhilfe- Lehrer

beschäftigt werden. Das Zweitauto muss schließlich auch bewegt werden. Die heutigen Kinder bräuchten eigentlich keine Beine mehr und auch keine Spielsachen, denn dafür haben sie ja keine Zeit. Der Ehemann wird jeden morgen brav zur Arbeit geschickt und wenn er nach Hause kommt, muss er den Rasen mähen, der schon wieder zwei Millimeter gewachsen ist. Es ist natürlich peinlichst darauf zu achten, das im eigenen Garten mehr blüht, als in dem der Nachbarn, das das Auto größer und die Urlaubsreise weiter weg ist. Die Kinder müssen intelligenter und besser gekleidet sein und der Mann muss erfolgreicher sein, sonst wird die Dauergestresste lesbisch, denn Frauen sind ja eh die besseren Menschen. Oft aber haben sie nur ein Verhältnis mit dem Gärtner oder dem Tennislehrer.

Zwergseerose im Minigartenteich

Die "Mecker- Biggi":

Diese besondere Meckertante bin ich selbst. Wenn ich in so einer Phase bin, dann hasse ich mich selbst dafür, weil ich meinen Mitmenschen das Leben schwer mache. Meist fange ich an zu meckern, wenn es mir nicht gut geht. Wenn die Schmerzen da sind, die die Fibromyalgie hervor ruft und ich nicht das tun kann, was ich gerne möchte, dann macht mich das unzufrieden und ich meckere. Ich habe immer so viele Pläne, will so vieles machen. Ich hasse es, wenn mein Körper streikt. Dann regt mich die Fliege an der Wand derart auf, da könnte ich zum gnadenlosen Mörder (der Fliege) werden.

Während solcher Anfälle sollte mir niemand auf die Füße treten. Meine Kinder kennen diese Anfälle zur Genüge und machen, das sie wegkommen. Sie ziehen es dann vor, in ihren Zimmern zu bleiben und sogar meine Katzen suchen das Weite. Mein Schatz mit seiner gnadenlosen Ruhe und seinem Helfersyndrom tut es sich dann oft an, und löchert mich und hört sich tatsächlich meinen Frustvortrag an. Das ist dann ein mindestens halbstündiger Monolog, der nicht selten mit ein paar kräftigen Seufzern und Tränen untermalt wird. Er hört sich dieses Gemecker an, wie ein Felsen, der der Brandung widersteht. Ich meckere und meckere und es wird immer weniger und weniger und plötzlich meckere ich nicht mehr und bin dann ganz plötzlich wieder kuriert.

Er kann das. Er hat da als einziger ein Händchen für. Meine Wellen beruhigen sich an diesem Felsen. Die Brandung bricht und beruhigt sich. Komisch ist das.

Gedankenseifenblasen

Ganz sachte kommen sie
herangeschwebt,
du merkst sie erst gar nicht,
dann sind sie da
und schleichen sich in deine Welt.
Einfach so.
Sie sind so verschieden.
Da gibt es die leichten, die schnell wieder verpuffen.
Dann die Schweren,
die sich auf dein Gemüt legen
deine Stimmung beeinflussen,
dich bedrücken oder ärgern,
du versuchst sie zu verdrängen,
aber sie sind hartnäckig,
kleben wie Pech.
Manchmal brauchst du alle Kraft,
um sie los zu werden,
manchmal muss dir jemand dabei helfen.
Jemand, mit einer Nadel, der die Blasen aufsticht
damit der Inhalt sich entleert und verpufft.
Dann ist da wieder Platz,
für die Seichten, die Schönen.
Und zum Dank teilst du diese mit dem Besitzer der
Nadel.
Mit ihm machst du neue, große
und schöne Blasen.
Auch die bleiben haften
und legen sich auf dein Gemüt.
Wie eine warme Decke ,

wenn es dich friert
oder eine liebevolle Hand,
die dich tröstet.
Sie haben aber noch eine größere Macht:
Sie lassen keinen Platz für die schweren,
die bösen Gedanken.
Darum halte sie fest und behüte sie.
Sie sind es, die dich zu einem
glücklichen Menschen machen.

Das kleine Glück einer Pfirsichernte

Von der Muse geküsst

Was ist Kunst? Das frage ich mich auch oft. Dies können ja die unterschiedlichsten Dinge sein. Ich denke, ein Künstler ist jemand, der etwas schafft, herstellt, das seinem Geist entsprungen ist, ein Ausdruck seiner selbst. Auch ein Koch, der ein neues Gericht kreiert, ist für mich ein Künstler. Oder ein Gärtner, der eine neue Anpflanzung macht und so ein Bild schafft, ist ein Künstler für mich. Dann sind da all die kreativen Geister, die malen, bildhauern, schreiben, Musik machen oder neue Dinge entwickeln, fabrizieren.

Ich bin auch eine Künstlerin, nicht nur eine Lebenskünstlerin, denn ich habe einen enormen Schaffensdrang, schon als kleines Kind gehabt. Leider fehlte mir im Laufe meines Lebens stets der Raum dafür. Nun lebe ich es aus. Ich habe für mich einen Weg gefunden, aber es hat sich auch teilweise nun so ergeben, das ich es ausleben kann, die Möglichkeiten habe. Zum einen sind da die räumlichen Möglichkeiten. Zur Zeit schreibe ich ja wie eine Wahnsinnige. Ob mein Buch ein Kunstwerk ist, liegt in Ihrem Ermessen. Ich finde es gut. Und ich fühle mich ausgesprochen gut dabei. Jedes Wort das aus meinen Gedanken sprudelt und das ich zu Papier bringe, befreit mich irgendwie von einer Last. Ich habe aber auch den großen Wunsch, wieder kreativ zu werden. Momentan hat es mir die Näherei angetan. Und ich habe vor, mir eine neue Tasche zu häkeln. Ich hatte eine schöne, weiße, gekaufte Häkeltasche. Die habe ich in der Waschmaschine gewaschen und nicht daran gedacht, das sie aus Papiergarn gemacht war. Sie hat sich in ihre Bestandteile aufgelöst. Ich habe sie geliebt. Ich liebe Taschen, in die man viel hinein packen kann. Diese hatte enormes Schluckvermögen. Nun werde ich mir eine neue machen müssen.
Klamotten nähen macht mir viel Spaß. Aus Altem etwas neues machen, ist eine Leidenschaft von mir. Mein letztes Werk war ein Jeansrock, den ich aus einem Jeanskleid

gemacht habe. Ach ja und meine weiße Leinenhose habe ich dunkelbraun gefärbt und mit Strasssteinchen bestickt, da sie mir zu langweilig war. Nun zieren sie bunte Blüten. Ich liebe das Geglitzere und Gefunkele. Allerdings ist es leicht kitschig. Ich stehe dazu, dass ich kitschig veranlagt bin, aber anziehen werde ich diese Hose wohl nie wieder.

Mein Schaffensdrang äußert sich enorm vielfältig bei mir. Es werden immer Exzesse, wenn ich etwas anfange. Dann kaufe ich Material in riesigen Mengen und lege los. Ich habe in einem halben Jahr so um die 300 Ketten gebastelt und 20 großrahmige Bilder gemalt.
Im Keller habe ich noch fünfzig Flaschen Fenstermalfarbe. In der alten Wohnung gab es keine Glasfläche, die nicht mit Bildchen beklebt war. In dieser Wohnung habe ich nur noch ein Jugendstilmotiv an meinem Badezimmerfenster.
Meine Wohnung nenne ich auch mein Kunstwerk. Ich mag sie sehr und versuche immer wieder, sie noch schöner und gemütlicher zu gestalten. Vor allem Blumen haben es mir angetan. Allerdings keine toten abgeschnittenen Blumen in Vasen, sondern Topf- und Kübelpflanzen auf allen Fensterbänken, jedem lichtversorgtem Plätzchen und auf meiner Dachterrasse. Hilfe ich bin ein Pflanzenmessie!
Meine große Liebe war mein Schrebergarten. Ich habe einen grünen Daumen. Die größten Glücksmomente hatte ich im Garten. Leider ist er verloren für mich, das einzige meiner vergangenen Beziehung, was ich immer noch vermisse. So aber pflege ich hier meine Töpfe und freue mich, wenn alles schön wächst und gedeiht. Meine Pflanzen sind üppig und ich denke, es liegt auch daran, dass ich mit ihnen rede und natürlich auch am Dünger, grins.

Es wird sich zeigen, was sich so zukünftig noch unter meinen Händen entwickeln wird. Das Schreiben macht mir Freude. Ich bin noch jung und, jetzt hätte ich bald geschrieben „brauche das Geld" lach, ja auch, aber nein, ich habe noch viele Pläne. Es gibt so viele Dinge auf unserer Welt, die ich ausprobieren möchte und mir gehen die Ideen nicht aus. Die Gedankenseifenblasen werden wohl nie ein Ende nehmen und solange ich etwas daraus machen kann, fühle ich mich als Künstlerin wohl.

Mein Leben war eine einzige Kunst. Die Kunst, nicht aufzugeben. Viele andere Menschen hätten sich an meiner Stelle wohl schon einen Strick genommen. Mehrmals stand ich mit meinen Kindern da und musste bei Null wieder anfangen. Ehemann weg, Geschäft weg, Haus weg, aber Selbstmord war nie eine Maßnahme für mich. Ich hänge am Leben. Für einen einzigen Augenblick des großen Glückes, lohnt es sich, lange Zeit zu darben. Es lohnt sich, zu kämpfen und durchzuhalten, denn wenn man nicht aufgibt, geht es weiter, wird es auch wieder besser. Das Lichtlein am Horizont muss man sehen, darf man nie aus den Augen verlieren. Sitzfleisch ist wichtig.

Das Leben ist halt wie eine Hühnerleiter. Auf jeder Stufe liegt halt Mist, mal mehr, mal weniger, aber wenn du nach oben willst, musst du die Stufen nehmen. Man sollte nicht zu viele Gedanken an das „was wäre wenn" verschwenden. Es bringt nichts. Lieber aus jedem Tag das Beste machen. Sicher wird irgendwann wieder etwas passieren, das mich total aus der Bahn werfen wird, aber ich warte doch nicht darauf.

Probeaufbau meines Schmuckstandes für den Ostermarkt

Biggi´s Gebet

Heute ist ein guter Tag.
ich genieße ihn und er tut mir gut,
weil ich mich ausruhen kann
und Kraft schöpfe,
für den schlechten Tag,
der bestimmt kommt.
Aber heute freue ich mich
und genieße die Tatsache,
das ich noch nicht weis, was wann wird.
Was ich nicht weis,
kann mir nichts anhaben.
Aber was ich weis ,
kann mir helfen.
Ich weis, das ich genug Kraft haben werde,
all das zu überstehen,
was da kommt,
weil ich weis,
das auch das vorbei geht,
mit deiner Hilfe, lieber Gott.

Der „Bunte Garten" in Mönchengladbach

Tage kommen, Tage gehen

Du stehst morgens auf und denkst,
der Tag wird gut,
dir tut nichts weh und du bist voller Mut,
doch dann gehst du aus deiner Wohnung raus,
und schon ist es mit deiner Ruhe aus.
Irgendso ein Depp hat dich zugeparkt,
du kommst zu spät zur Arbeit,
wirst dort angequakt.
Deine Herzfrequenz steigt von Null auf Top,
und am liebsten willst du schrei`n:
„Ich scheiß auf diesen Job!"

Bald ist Feierabend und dann geht es dir gut,
du packst deine Tasche, nimmst Mantel und Hut.
Noch nicht aus dem Büro,
kommt Chef und macht dich an:
„Hier geblieben, Überstunden stehen an!"
Du merkst wie dir der Kamm am schwellen ist
Und fragst dich, warum du hier der Dumme bist.
Klar, du brauchst den Job und sagst:
„ Na dann, Okay!"
Doch am liebsten willst du schrei`n:
„Leck mich am Arsch ich geh!"

Auch der mieseste Tag geht endlich mal vorbei
Und am Wochenende hast du dann ja frei.
Du gehst aus mit Freunden,
sprichst dich aus,
dann sieht die Welt gleich anders aus.

Du stellst fest, das du nicht alleine bist.
Auch deine Freunde haben den selben Mist.
Ihr trinkt ein paar Bier und lacht euch an
und prostet euch zu:
„Auf die nächste Scheißwoche,
Mann oh Mann!"

Solche Tage kommen, solche Tage gehen,
und all die Dinge, die so geschehen
und was dir da so manchmal passiert,
bekommst du nicht immer gut einsortiert.
Solche Tage kommen und solche Tage gehen
Und was so kommt,
kannst du vorher nicht sehen.
Manches ist gut, manches nicht so toll.
Tu dir selber einen Gefallen
Und nimm nicht alles für voll!

Usambaraveilchen

Die Künstlerin

Ich nenne mich eine Künstlerin, denn sonst müsste ich ja zugeben, dass ich eine Verrückte bin. Da aber sowieso allen Künstlern der Ruf voraneilt, etwas sonderbar zu sein, also etwas verrückt, kann ich das ja mit gutem Gewissen tun. Ich bin eine Autodidaktin. Autodidaktin heißt gebildet ohne ausgebildet zu sein. Vieles, was ich kann, habe ich mir selbst beigebracht, irgendwo angelesen, abgeguckt und auch weiterentwickelt. Ja, ich gebe zu, ich habe auch schon Ideen geklaut, allerdings nur für den Hausgebrauch, also für mich selbst. Nie um damit Geld zu verdienen. Es wäre mir außerordentlich peinlich gewesen, wenn man mich beim Klau erwischt hätte. Wo ich doch so ein ehrlicher Mensch bin. Wirklich! Ich bin immer ehrlich! Na fast immer! Okay, bis auf kleine Notlügen. Na gut! Erwischt! Ich könnte vielleicht auch eine gute Schauspielerin sein. Was ich am besten kann, ist aus Mist Bonbons machen. Wie, das glauben sie nicht? Tja, das ist auch ganz große Kunst und die beherrscht nicht jeder.

Also, aus Mist Bonbons machen geht so:

Man nehme etwas, das andere Leute schon längst entsorgt hätten und mache daraus etwas ganz neues wunderbares oder schönes.

Zum Beispiel: Weihnachtssterne, gebastelt aus Kaffeeverpackungsfolie, Körperpeeling aus Kaffeesatz, etwas Besseres gibt es nicht, einfach mit etwas Duschzeug vermischen und dann vor dem Duschen den Körper damit abrubbeln. Das macht sogar für kurze Zeit leicht braun und hilft angeblich wegen dem Koffein gegen Cellulitis, die ich natürlich nicht habe, grins! Handtaschen aus alten Hosen, Röcke aus alten Hosen, Kissenbezüge aus alten Röcken, Designer-T-Shirts aus Einsneunundneunzig-Billig-T-Shirts, Schmuck aus gesammelten Muscheln und Bücher aus Gedankenseifenblasen. Dann mache ich aus Kerzenresten neue Kerzen und aus Obstresten Marmelade. Kunstwerke aus alten Zeitungen und Lieder aus Frust und Kuchen aus abgelaufenen Rosinen. Und wenn ich richtig gut drauf bin, dann mache ich aus Nichts ein Mittagessen und aus einem schlechten sogar einen guten Tag.. Wie das geht? Das ist meine einfachste Übung. Ich lasse einfach mal fünf gerade sein. Mache nur Dinge, die mir gefallen. Die Küche wird einfach zugemacht und die Haustüre erst gar nicht auf. Der Briefkasten wird an diesem Tag nicht geleert und auch keine Kontoauszüge kontrolliert. Dann bleibe ich den ganzen Tag im Schlafanzug, esse nur ungesundes Zeug und treibe keinen Sport. Super, sag ich Euch!

Was mein größtes Kunstwerk ist? Nun ja, das ist eine schwere Frage. Ich denke, das ich diese Frage nicht beantworten kann. Sicher könnte ich nun sagen, meine Kinder oder das Aktbild, das ich für meinen ältesten Sohn gemalt habe. Er ist der Meinung, das dieses Bild mein am besten gelungenes ist. Wahrscheinlich sagt er das nur, weil die Dame auf dem Bild einen enorm großen Busen hat. Ich kann es nicht sagen. Für mich ist immer das das beste, was ich gerade fertig bekommen habe. Momentan bin ich ganz begeistert von diesem Buch hier. Das es mir gelungen ist, so viel zu schreiben und alle meine Gedanken unterzubringen, die mir doch so am Herzen liegen. Ich hätte sie auch gern vorgesungen, aber da fehlt mir die Plattform. Ich kann ganz schön singen, aber nur im Auto, unter der Dusche und beim Putzen. Na und im Chor habe ich ja auch ganz gut geträllert. Mein Chorleiter meinte beim Vorsingen, das ich ein Naturtalent wäre und eine schöne Altstimme hätte. Das ich eine alte Stimme habe, wusste ich ja schon vorher. Aber ich bleibe doch lieber dabei und singe weiter im stillen Kämmerlein, damit die Milch nicht sauer wird. Aber reimen tue ich weiter, ohne Rücksicht auf Verluste und denke mir, wem es nicht gefällt, einfach weiterblättern, grinsel.

In einem kleinen Haus,
lebte eine kleine Maus
die sah ziemlich mager aus.
Doch warum, was war der Grund
die kleine Maus war ein fauler Spund
das Futtersammeln war ihr zu schwer
ein Plan musste her.
Die Maus die doch sehr pfiffig war
Malte ein Schild: Kaufe Futter gegen bar
Doch keiner machte ein Angebot,
nach drei Tagen war das Mäuslein tot

Und die Moral von der Geschicht´
Verkriech dich in deinem Häuschen nicht,
die Not die geht nicht von allein
redlich fleißig musst du sein
So trägst du dir das Glück ins Haus
und siehst bald stattlich rundlich aus.
Das Konto das wir dick und dicker
Und auch die Kleidung die wird schicker
Du lebst in Saus und auch in Braus
Und kaufst der toten Maus ihr Haus
Ich sag dir zum guten Schluss
Dies Gedicht hier ist der größte Stuss!
Aber so bekommt man die Seiten voll!
Ist das nicht toll?

Öffentliche Verkehrsmittel

Neuerdings fahre ich Bus und ich finde es von Tag zu Tag schrecklicher. Morgens werde ich von Tornister tragenden Kindern halb tot gedrückt und tagsüber setzen sich Leute neben dich, da bekommst du es richtig mit der Angst.

Da war der Mann mit dem schrecklichen Husten. Es ist ja nicht so, das er mir nicht leid tat. Nein, ich hatte nur Angst, das er neben das total knüselige Taschentuch hustet, denn er saß mir genau gegenüber und wahrscheinlich hätte ich etwas von diesem Auswurf abbekommen, den er abhustete. Und wohin soll man in einem vollen Bus ausweichen? Ich erwischte mich dabei, das ich einen verstohlenen Blick zu meinem Sitznachbarn warf. Auch er zuckte bei jedem Huster zusammen und starrte ebenfalls in das angestrengte Gesicht unseres Gegenübers. Ich fragte mich, wer wem auf den Schoß hüpft, wenn… er wog höchstens die Hälfte von mir.

Dann waren da abends die komischen Typen mit den Glatzen. Die machten mir auch Angst. Sie hatten schon ordentlich gebechert und hatten halbleere Wodkaflaschen dabei. Wer weis, auf welche Ideen die kommen? Gott sei Dank stiegen sie zwei Haltestellen vor mir aus. Der Hänfling von Busfahrer hätte denen auch nichts entgegenzusetzen gehabt und die zwei älteren Damen, die mit im Bus saßen oder der Mann mit dem Gipsarm etwa? Vorsichtshalber hatte ich ein teilnahmsloses Gesicht gemacht. Desinteresse war meine einzigste Verteidigungsstrategie

Während einer Fahrt in die Stadt setzte sich eine ziemlich korpulente Dame neben mich. Oder sollte ich sagen, sie presste sich in den Sitz neben mich. Die Dame hatte gute geschätzte hundertsechzig Kilogramm bei etwas über anderthalb Meter Körpergröße. Dazu führte sie zwei schrecklich volle Taschen mit sich, die sie sich auf den Schoß stellte. Ich wurde an die Wand gequetscht und merkte, wie mir der Schweiß ausbrach. Ein Anfall von Platzangst machte sich bemerkbar und das Bedürfnis, dieser Person den Ellenbogen in die Seite zu rammen, aber ich konnte mich ja fast nicht mehr bewegen. Okay, ich bin selbst auch kein Leichtgewicht, ich habe auch nichts gegen Dicke, aber sie saß auf meiner Handtasche und die hatte ich um den Hals, also den Gurt so quer vor der Brust und dieser Gurt schnitt mir in Hals und Schulter. Mit einem beherzten Ruck und letzten aufbringbaren Kräften zog ich der Dame die Tasche unter dem Hintern weg. Sie schaute mich entrüstet an, hüstelte und rutschte ein wenig Richtung Mittelgang. Ich atmete befreit wieder ein und kontrollierte den Inhalt meiner Tasche auf defekte Gegenstände, was mir einen zusätzlichen bösen Blick einbrachte. War alles noch ganz. Alles klar. Geht doch.

Die Busfahrer auf meiner Linie fahren eigentlich ganz gut. Auch während des enormen Schneefalls fuhren sie sicher und souverän. Okay manchmal mit etwas Verspätung, aber das muss man halt einkalkulieren. Ich grüße freundlich, wenn ich in den Bus einsteige und zeige mein Monatsticket vor. Dann nehme ich den erst besten freien Platz ein, wenn es denn noch einen gibt. Was ich festgestellt habe ist: Wenn keiner im Bus stehen muss, fahren sie ordentlich und bremsen sachte. Aber wehe, wenn der Gang voll Leute steht. Man kann sich schlecht festhalten, denn die Haltegurte unter der Decke sind zu hoch. Da rauschen die mit dem Bus in die Kurve und bremsen wie die Fahrschüler, das man hin und her geworfen wird. Ich habe auch schon einige blaue Flecken. Manchmal denke ich, das macht denen Spaß.
Aber viele von Ihnen sind sehr hilfsbereit wenn ältere Leute einsteigen und warten auch auf die, die zu spät kommen. Erst kurz bevor sie den Bus erreichen, fahren sie los. Und die Schulkinder in der letzten Bank zeigen einem den Mittelfinger. Ich laufe keinem Bus mehr nach!

Also ich hasse Busfahren, ehrlich. Und ich hasse auch all die ungewaschenen und nach Schweiss oder Knoblauch riechenden Typen oder die ungepflegten mit den fettigen Haaren. Ich erwische mich dabei, wie ich die Köpfe der vor mir sitzenden Leute nach kleinen Tieren absuche, um die Flucht ergreifen zu können, falls da was krabbelt.
Ich ekele mich auch vor Betrunkenen und bekomme Aggressionen, wenn die mich oder andere Leute belästigen. Man müsste diese Menschen mal filmen und ihnen, wenn sie wieder nüchtern sind, zeigen, wie blöd sie sich benehmen und was sie für einen Nonsens labern. Aber ich glaube, die meisten haben sowieso schon ihren Verstand versoffen und dann ist alles egal. Ist der Ruf erst ruiniert, lebt es sich ganz ungeniert. (Hab ich mal irgendwo gehört…)

Jedes mal wieder wundere ich mich über die Jugendlichen, die nicht mehr aufstehen, wenn eine gehbehinderte Oma in den vollen Bus einsteigt und diese auch noch frech angrinsen. Es hilft auch keiner mehr, wenn jemand mit Kinderwagen oder Rollstuhl ein- oder aussteigt. Warum sind sie so? Was soll das? Was hat sie zu solchen egoistischen Ignoranten gemacht? Bin ich zu konservativ? Oder einfach nur dumm, weil ich noch für ältere Menschen aufstehe? Sicher habe ich auch den Bus bezahlt und sicher bin ich mir auch, dass für mich, wenn ich vielleicht in zwanzig Jahren kaum noch kriechen kann, bestimmt niemand mehr aufsteht im Bus! Ich werde mich mal überraschen lassen.
Ich wünsche mir Busse mit Einzelabteilen, geruchsdicht, selbstreinigend, mit Frischluftzubehör, Radio und Heizung oder sollte ich mir doch lieber wieder ein Auto anschaffen?

Aber manchmal, an wenigen Tagen, da ist Busfahren schön. Du kommst unerwartet mit jemandem ins Gespräch und merkst, ihr seit auf einer Wellenlänge. Ihr fahrt immer mit dem gleichen Bus die gleiche Strecke. Gesehen habt ihr euch schon oft, aber gesprochen heute zum ersten Mal miteinander, weil der Bus Verspätung hatte. Dann seid ihr zusammen eingestiegen und habt euch eine Sitzbank geteilt. Ihr habt euch während der ganzen Fahrt prächtig unterhalten und viel gelacht. All die anderen Menschen, die einstiegen und ausstiegen, die vor dir und hinter dir saßen, die vielleicht betrunken oder ungepflegt waren und über die du dich sonst gewundert, vielleicht auch geärgert oder belustigt hast, die hast du nicht mehr wahrgenommen. Es war eine schöne Busfahrt. Morgen fahrt ihr wieder zusammen. Schön. Ich freue mich schon auf morgen.

Bemalen der Schrebergartentüre

Depressionen

Ich bin so müde, manchmal,
die Wege leid,
das Kämpfen leid
Die Frustration ist übermächtig.
Wenn Erfolglosigkeit den Alltag bestimmt.
Alle Versuche scheitern.
Allen Bemühungen zum Trotz geht es stetig bergab.
Du fragst dich, warum?
Tust du nicht dein Bestes?
Bemühst du dich nicht genug?
Wo ist der Fehler in deiner Lebensplanung?
Hast du überhaupt Einfluss darauf?
Depressionen bestimmen schnell das Leben.
Sie kommen wie dunkle Schatten, wenn die Sonne am
höchsten steht und ziehen dich ganz tief hinein in diese
Tristesse, die Ödnis im eigenen Sein.
Es ist eine Gefangenschaft. Du bist gefangen in schweren
Gedanken und siehst kein Licht. Nicht einmal den Funken
am Horizont. Manche Menschen nehmen sich das Leben.
Warum ich noch lebe?
Vielleicht weil ich ein Angsthase oder aber weil ich eine
Kämpferin bin.
Oder beides?
Ich will nicht diese trüben Gedanken. Es muss wieder
aufwärts gehen, irgendwann.
Ich breite meine Schwingen aus und lasse den Wind
hindurchstreichen.
Dann stürze ich mich von der höchsten Klippe und fliege
hinauf, bis über diese grauen Wolken.
Ich will die Sonne sehen und ihre warmen Strahlen auf
meiner Haut spüren, die Wärme, die Behaglichkeit.
Und den Wind spüren in meinen Haaren
und meine Füße umspült von weichen Wogen eines
gezähmten Meeres.
Den Sand zwischen den Zehen durchrieseln lassen und
ganz laut rufen:

„Das Leben ist schön! Ich will leben!."
Ja das ist der einzige Weg heraus aus der Isolation der trüben Gedanken.
Sie vertreiben mit schönen Gedanken und ungebrochenem Willen.
Die Leiter aus dem Loch.
Sich das Leben zu nehmen, ist kein Ausweg.
Keiner weis, was dann kommt.
Vielleicht ein neues Leben, das noch schwerer zu ertragen ist. Vielleicht auch ein unendliches Nichts. Niemand kam zurück, um uns zu berichten.
Es ist das letzte Abenteuer, auf das wir uns einlassen.
Den Zeitpunkt sollten wir nicht selbst bestimmen.
Die Hoffnung aufzugeben, das wäre schon so etwas wie ein kleiner Tod.

Der Tod würde uns blind machen. Blind für all die kleinen Dinge, die das Leben lebenswert machen. Du würdest die Sonne nicht mehr sehen, kein Lächeln mehr sehen, das dir vielleicht geschenkt wird, wenn du gar nicht daran denkst. Kein Lachen mehr hören, vielleicht von denen die du liebst. Aber vielleicht würdest du aus der anderen Dimension heraus die Tränen und den Schmerz in ihren Augen sehen, weil du dich einfach so davon gemacht hast. Und du könntest sie nicht trösten.
Bedenke das nicht nur du allein wichtig bist. Deine Existenz ist nicht zufällig. Jeder hat eine Aufgabe. Und wenn du sie nicht kennst, dann musst du sie suchen. Irgend jemand, irgend etwas braucht deine Hilfe, dich, jeder kann etwas tun. Ich habe meine Aufgabe gefunden. Ich schreibe diese Gedanken auf, damit andere daraus lernen und verstehen und vielleicht anfangen aus dem kleinen Licht am Ende des Ganges eine hell leuchtende Flamme zu schüren, die den Weg weist in ein glückliches, zufriedenes Leben.
Alles, was einem im Leben wiederfährt hat einen Sinn. Auch das Schlechte. Die Erfahrung schützt dich davor, vielleicht beim nächsten mal vorsichtiger zu sein oder einfach nur zu wissen, wie man dann damit umzugehen

hat. Somit beinhaltet jedes Schlechte auch etwas Gutes. Sich in die Depression zu flüchten ist leicht und es ist schwer wieder heraus zu kommen, aber es lohnt sich. Und es wird jedes mal leichter. Irgendwann fällst du nicht mehr in dieses Loch. Du machst dann einen großen Schritt darüber hinweg, in dem du dich einfach hin setzt und dir Klarheit verschaffst. Erinnere dich an all das gute und schöne was du erlebt hast und suche dir dann ein Ziel, auf das du hin arbeitest. Tue etwas für dich. Kauf dir etwas schönes, geh unter Menschen, mache jemand eine Freude oder verschenke einfach dein schönstes Lächeln. Es kommt zurück und gibt dir neue Kraft.

Das „Tränende Herz"

Leichenbeseitigung

Ich arbeite unter anderem in der Telefonzentrale eines Rohrreinigungsunternehmens....

"Fa. .... guten Morgen, sie sprechen mit Frau ...."

"Ja, ähm Morgen, ich habe da ein Problem.Ich habe eine Verstopfung!"

Okay, was ist denn verstopft?"

"Meine Toilette läuft nicht mehr ab!"

"Läuft gar nichts mehr oder kommt das Wasser hoch, wenn über Ihnen jemand sein Bad benutzt?"

"Nee, nur bei mir läuft nichts mehr, seit..." -Schweigen in der Telefonleitung.

"Seit wann? Haben Sie etwas hinein geschüttet?"

"Naja, da war der Rest Suppe, von der Party und ..." wieder Schweigen.

"Das ist seltsam, Suppe müsste doch durchgehen, ist doch eine 100er Leitung, meistens.
Na da werde ich Ihnen mal einen Monteur schicken."

"Herr Müller,morgen, bitte fahren sie zu folgender Adresse......!"

"Was liegt an?"

"Ein verstopftes WC!"

"Alles klar. Bin auf dem Weg. Das geht schnell!"

Zwei Tage später schreibe ich die Rechnung an die Wohnungsgesellschaft:

Maschinelle Reinigung der Anschlussleitung: 1 WC 70.- €
Anfahrt 25.- €

Ursache: Zellstoffartikel, Feuchttücher und ein überdimensional großer Suppenknochen (Oberschenkel,vermutlich Rind)

und denke: „Hoffentlich war es auch ein Suppenknochen und nicht der Knochen eines Menschen, der ermordet, gekocht und in der Toilette abgezogen wurde…."

Ich habe auch schon Leichen im WC entsorgt. Tote Fische aus dem Aquarium und den Hamster meines Sohnes, der entlaufen und von unserem Hund totgeleckt worden war. Die gingen gut runter. Probleme hatte ich mit einem Vogel.

Ich hatte ein Paar Vögel geschenkt bekommen. Zuerst wusste ich gar nicht, wie mir geschah. Ich war nur im Kiosk, um eine Zeitung zu holen. Da kam ein Betrunkener mit dem Käfig in den Laden und fragte, ob jemand die Vögel haben wolle, ansonsten würde er sie fliegen lassen. Da mir die Tiere leid taten und sie im winterlichen Deutschland wohl keine Überlebenschance hätten, nahm ich sie mit. Ich nehme ja fast alles an, was andere nicht mehr haben wollen. Zuhause googelte ich erst mal nach, was man mir da angedreht hatte. Es waren Diamanttäubchen. Ich besorgte Futter und neue Näpfe, solche zum Einhängen von außen an den Käfig, denn sie hatten nur einen Napf auf dem Käfigboden und so verunreinigten sie immer ihr Futter mit Kot. Was ich nicht wusste, diese Vögel hatten einen Zwang zu scharren und versuchten dies auch durch das nun kleine Loch in den kleinen neuen Näpfen. Als ich von der Arbeit nach Hause kam, hatte sich der männliche Vogel ganz in den engen Napf gezwängt und hing darin fest. Er bewegte sich nicht mehr. Ich dachte er wäre tot. Erstickt. Ich nahm ihn heraus und fragte: „Wohin nun mit dem armen Kerlchen?" Mein Lebensgefährte meinte: „Zieh ihn doch im Klo ab, Seebestattung." Mir fiel nichts besseres ein und ich tat wie mir geheißen und zog ihn ab, doch der Vogel war zu leicht und ging nicht unter. Das Tier schwamm nun im Rohr und ich konnte nicht erneut spülen, da der Wasserkasten seine Zeit brauchte um wieder voll zu laufen. Mir wurde schlecht. Ich rief Männe und sagte nur: „Der geht nicht runter, mit wird schlecht, ich kann das nicht!" „Na dann geh! Ich mach das." Ich ging in die Küche und setzte mich auf einen Stuhl. Gerade hatte sich meine Übelkeit ein wenig gelegt, da rief mein Mann plötzlich: „Du, komm schnell, der lebt noch!" Ich sprang auf, rannte ins Bad und holte den Vogel aus dem Abfluss. Der war tatsächlich wieder bei Sinnen und fiepte und zitterte, da ihm wohl kalt war. Zuerst einmal reinigte ich ihn unter dem laufenden warmen Wasser, da er ja WC-Reiniger im Gefieder hatte, und wickelte ihn dann in ein Handtuch. Da er immer noch so fror, meinte mein Mann, wir sollten ihn vielleicht trocken föhnen. Ich machte also den Föhn an, auf kleinster Stufe und richtete den warmen Luftstrahl auf den klitschenassen Vogel. Noch bevor er ganz trocken war, kippte er plötzlich zur Seite. Er hatte vor lauter Angst vor dem Föhn wahrscheinlich einen Herzinfarkt bekommen. Ich wickelte ihn in sauberes Küchentuch und brach ihm vorsichtshalber das Hälschen, damit er nicht, falls ich mich wieder irrte, in der Mülltonne im Keller wieder erwachen würde. Ich hatte Gewissensbisse und mehrere Wochen Albträume. Meine Familie lacht heute noch darüber. Der arme Vogel. Ich habe seit dem keine toten Tiere mehr im WC hinunter gespült. Bei uns gab es nur noch Feuerbestattungen - mit der Restmülltonne zur Müllverbrennung. Allerdings nur Kleintiere und diese dann auch liebevoll in geeignete Kartons verpackt und nur, wenn ich hundertprozentig sicher war, das sie auch wirklich im Himmel waren, man ist ja nicht pietätlos. Und ich habe auch jedes mal geweint, ehrlich.

Baumwollblüte

Das dicke Mädchen

Es war einmal ein kleines Mädchen, das war sehr pummelig. Viel pummeliger als die anderen Kinder. Die Mutter, die sehr schlank war, sagte immer: „So dick bist du gar nicht, zieh nur den Bauch ein!" Also zog das pummelige Mädchen den Bauch ein. Von morgens bis abends. Wenn man aber den Bauch immer einzieht, hat man Probleme. Man atmet ja nicht richtig und kommt so schnell außer Puste. Beim Nachlaufen war das Mädchen immer die langsamste und beim Fangenspiel hatte es keine Chance, aber es zog weiter den Bauch ein, weil die Mutter es sagte. Überhaupt meinte die Mutter es gut mit dem Kind. Es hatte die schönsten Faltenröckchen und immer farblich passende Strümpfe. Es war ein hübsches Kind mit roten Wangen und schwarzem Haar. Beim Spaziergang weinte das Mädchen oft. Es tat so weh. Die dicken Oberschenkelchen rieben beim Laufen aneinander und die Haut wurde wund. Aber Mädchen tragen nun mal Röckchen und ziehen den Bauch ein.

Als es in die Schule kam, war das Mädchen sehr glücklich. Aber nur für kurze Zeit. Die Lehrerin zerstörte mit einem Satz sein kleines Glück. Es gibt keinen Weihnachtsmann und auch keinen Osterhasen und es kommt auch kein Christkind, die Geschenke kommen von den Eltern.

Das Mädchen lief tränenüberströmt nach Hause und bekam abends sogar einen Fieberkrampf. Es tat sich schwer mit der Wahrheit, aber es zog den Bauch ein und ging zwei Tage später wieder zur Schule. Es kam der erste Sportunterricht. Die Sportlehrerin war sehr nett. Sie ließ die Kinder an langen Seilen bis zur Hallendecke hinauf klettern. Das dicke Mädchen schaffte es noch nicht einmal, auf dem Knoten des Seils zu sitzen, geschweige sich daran hochzuziehen. Es bekam seine erste Fünf und man nahm ihm die Freude am Sport. Es wurde von da an nur noch ausgelacht und tat sich schwerer und schwerer. Schließlich gab es auf, nahm die Fünfen und saß mit eingezogenem Bauch auf der Bank, während die anderen Kinder Spaß hatten. Das dicke Mädchen hatte nur wenige Freundinnen, aber die Jungens aus dem Haus spielten gern mit ihm, denn es hatte immer so gute Ideen. Ihnen war es egal, dass das Mädchen dick war. Es war stark und beschützte die Kleineren. Als das Mädchen in die Pubertät kam, fuhr es zum ersten Mal auf Klassenfahrt. Die Mutter kaufte ihm die ersten Jeans seines Lebens. Diese war aus einem ganz weichen Material und es drückten sich so ansehnlich die Speckröllchen durch. Diese Klassenfahrt war der Horror. Danach verweigerte das Mädchen die Nahrungsaufnahme. Der Bauch wurde nur noch eingezogen und es aß nur noch Zwieback und Äpfel und nahm enorm ab. Plötzlich veränderte sich etwas. Das Mädchen wurde eine Frau, eine schlanke Frau und wurde plötzlich gesehen. Aber es zog immer noch den Bauch ein, weil es diese Veränderung an sich nicht bemerkte. Auch, das sich die Jungs in es verguckten, das bemerkte das Mädchen nicht. Es wollte gern Tierpflegerin werden, aber die Eltern waren dagegen und steckten es in eine Ausbildung zur Verkäuferin, die das Mädchen abgrundtief hasste. Es hasste alles und auch sich selbst und stürzte sich in Dinge, die es eigentlich gar nicht wollte. Es machte enorme Fehler. Der Zwiespalt, in dem es steckte, dieses wollen und nicht können und die Sehnsucht nach etwas anderem und dann dieses ewige Baucheinziehen. Zu wenig Luft zum atmen, zum Leben. Immer kam es anders, als das Mädchen es sich vorstellte. Nichts gelang, weil alles halbherzig geschah oder einfach nur, weil es vernünftig erschien, aber aus Überzeugung geschah so gut wie nichts. Es wollte immer andere glücklich machen und verformte sich, passte sich an, tat was von ihm verlangt wurde, nahm alles hin.Auch futterte es sich wieder einen Panzer an. Dickes Mädchen, dicke Frau. Irgendwann lief dieses Leben aus dem Ruder und das Mädchen, das schon eine reifere Frau und Mutter von vier Kindern war, wurde krank, musste zur Kur. Dort wurde es gefragt, warum es denn den Bauch einzieht. Es wusste es selbst nicht mehr, nur, dass die Mutter es immer gesagt hatte und plötzlich kam die Erleuchtung. Zum ersten Mal in seinem Leben begann das Mädchen, den Bauch herauszustrecken und tief durchzuatmen und plötzlich wusste es, was zu tun war. Nach den vielen Jahren, begann das Mädchen endlich, es selbst zu sein. Es änderte alles was ihm nicht gefiel und lebte sein Leben nur noch nach seiner eigenen Vorstellung. Es war endlich frei von all dem Ballast, den Zwängen, dem Selbstbetrug und dem Baucheinziehen. Es begann, dieses Buch zu schreiben.

Co-Autor Timi

Anekdotensammlung

Die Japaner

Meine Tochter war im zweiten Schuljahr auf einer Grundschule, die sich an einem weltweiten Projekt beteiligte. Sie stand in regem Austausch mit Schulen in anderen Ländern und es kamen auch oft ausländische Lehrer zu Besuch. Meine Tochter war nun voller Stolz, da sie bei der Schülerzeitung mitwirken durfte und schrieb ihren ersten Artikel:

Gestern waren die Japaner bei uns in der Schule zu Besuch. Aber nicht alle. Nur ein paar Lehrer.

Der Schniedelwutz

Mein ältester Sohn war drei Jahre alt, als meine Schwiegermutter ihre dritten Zähne bekam. Wochenlang nur das eine Thema: Krankenkasse bezahlt dies und das nicht und die Zähne von der Kasse und so weiter und so weiter. Dann bekam auch noch mein Vater eine Brücke und wieder nur Thema Krankenkasse, egal bei welcher Geburtstagsfeier, wir konnten es schon nicht mehr hören. Mein 24.Geburtstag kam und alle waren da und mein Jüngster und erstes Enkelkind nun mal im Mittelpunkt der Aufmerksamkeit. „Mama," kam die Frage: „Warum hat der Papa einen Schniedelwutz und du nicht?" Ich fühlte sofort all die belustigten und auf meine Antwort versessenen Blicke meiner Verwandtschaft auf mir. „Nun, der Papa ist ein Mann und Männer und Jungens haben nun mal einen und Frauen und Mädchen nicht, das ist der Unterschied!" Ich war eigentlich mit der Antwort zufrieden und dachte nicht im Traum an das, was dann kam: „Oh, dann schneiden wir dem Papa den ab und den bekommst du dann, Mama!" Mein Sohn hatte echt Mitleid mit mir. „Das geht doch nicht," versuchte ich zu erklären: „Womit soll der Papa denn dann Pipi machen?" Mein Sohn überlegte kurz, strahlte auf einmal über sein ganzes Gesichtchen und verkündete laut: „Der bekommt einen Neuen von der Krankenkasse!"

Während der Autofahrt

Ich war mit meinen Kindern im Auto unterwegs, als sie fragten: „Sind wir noch in Mönchengladbach?" „Nur noch bis da vorn, zu dem gelben Schild, auf dem der Ortsname durchgestrichen ist. Daran erkennt man, das eine Stadt dort aufhört," erklärte ich gewissenhaft. „ So was!" meinte meine Tochter: „Ich dachte immer, die hätten sich da verschrieben!"

Nachrichten

In den Nachrichten wurde von einem tödlichen Unfall auf der Autobahn berichtet, bei dem ein Geisterfahrer tödlich verunglückte. Mein Jüngster wird plötzlich hellhörig und meint: „Ich dachte immer, die Geisterfahrer, das wären Autos, in denen keiner drin ist."

!"

Erwischt

Meine Tochter erwischte uns Sonntags morgens beim Sex. Plötzlich kam ein kleines fröhlich grinsendes Köpfchen hinter der Bettkante hervor und meinte: „Macht ihr

Späßkes?" Danach hatte mein Mann keinen Spaß mehr, weil ich einen Lachkrampf bekam!

April April

Mein Ältester ist absoluter Fan von Aprilscherzen und da er Mutters Fantasie geerbt hat….

Mein Ex und ich kamen früh morgens an einem Samstag von unserem Zeitungsjob nach Hause. Als wir die Haustüre öffneten standen wir vor einer Wand aus Umzugskartons. Wir hatten vergessen, es war der erste April. Ex bekam einen Wutanfall und schimpfte drauf los und aus dem hinteren Teil der Wohnung erschallte das Lachen der Kinder. Ich fand es ja eine gute Idee, aber ich musste dringend dahin, wo die Queen von England auch allein hin geht und fing an, die Kartons beiseite zu räumen. Besser gesagt, ich musste sie alle platt machen, denn der Flur war nur etwas mehr als einen Meter breit. Da sich von den Kindern natürlich keines rührte, arbeiteten wir uns also durch die Kartons vor bis zur Esszimmertüre. Das waren sieben Meter Flur und zweieinhalb Meter hoch gestapelte Kartons. Die Türe war abgeschlossen. Und daran hing ein Zettel: Der Schlüssel ist in einem der Kartons!

Ich wollte erst mal ins Bad, denn der Weg war ja frei, aber quer durch das Bad waren Drähte gespannt. Die ganze Toilette war zugedrahtet. Eine ganze Spule Blumendraht hatten sie hin und hergespannt, wie ein Spinnennetz. Ich schaufelte mir den Weg zur Abstellkammer frei, um mir eine Zange zu holen, als die Ansage kam: „Falls ihr den Werkzeugkasten sucht, den haben wir hier drin!"   „Ich schlag sie tot", drohte mein Ex. „Tust du nicht, denn ich schlag sie windelweich!" drohte ich, nun auch sauer. Ich fing an in den Kartons nach dem Schlüssel zu suchen. Als ich gut die Hälfte durchgesehen hatte, rief Sohnemann:

„Falls du nach dem Schlüssel suchst, schau mal im Bad nach. Ich sage nur Zeitung und Vorsicht!" Mein Ex ins Bad und dann hörte ich ihn auch schon fluchen : „Igitt, was für eine Schweinerei!" Ich hinterher. Da hatten die Kinder auf dem Spülkasten unter einer Rolle aus Zeitung ein Würstchenglas voller Mehlwürmer hingestellt!" Ich merkte, wie bei dem Anblick meine Lippe anfing zu kribbeln. Immer wenn ich mich ekele, bekomme ich einen Lippenherpesanfall! Ich nahm das Glas und wollte den Inhalt in der mittlerweile von Ex frei-gedrahteten Toilette entsorgen, als mein Sohn rief: „Nicht ins Klo schütten, darin ist der Schlüssel!" Ich war einem Nervenzusammenbruch nahe. Ich schüttelte das Glas und tatsächlich, darin befand sich der Schlüssel, aber so einfach hinein greifen und ihn rausholen? Dazu waren weder mein Ex noch ich bereit. Also suchten wir nach etwas Länglichem, um den Schlüssel herauszuangeln. Die Kinder hatten ganze Arbeit geleistet und alle eventuellen Hilfsmittel beiseite geräumt, sogar ihre Zahnbürsten. Nur unsere standen noch in den Gläsern. Mein Ex hatte wohl meine Gedanken gelesen, denn er sagte: „Du kannst ja deine nehmen, meine nicht!" Da hatte ich die Nase voll! Ich ging zur Türe und sprach ein Machtwort: „Wenn ihr jetzt nicht die Türe aufmacht, dann setzten wir uns ins Auto und fahren weg, aber vorher lassen wir die Mehlwürmer laufen und zwar hier im Bad, dann könnt ihr sehen, wo ihr auf Toilette geht und was ihr die nächsten zwei Tage esst!" Da bekam mein Großer doch etwas Bedenken und machte nach kurzer Verhandlung und dem Versprechen unsererseits, das er keine Sanktionen zu fürchten hätte, die Türe auf. Den Schlüssel musste er selbst unter Todesverachtung aus dem Würstchenglas angeln und die drei anderen Kinder die Kartons wieder zusammenfalten. Die Mehlwürmer bekamen eine Seebestattung. Meine Tochter traute sich den ganzen Samstag nicht mehr auf Toilette. Als ich den Frühstückstisch abräumte und das Gemüsefach des Kühlschranks öffnete, stand darin die Schachtel mit den restlichen Mehlwürmern, die wohl nicht mehr ins Glas gepasst hatten. Ich entsorgte sie heimlich und ließ mir nichts anmerken. Mittags kochte ich Spaghetti mit Bolognesesoße. Mein Exmann und ich aßen nicht mit. Als die Kinder fertig waren, fragte ich sie, ob es geschmeckt hätte. Sie bejahten und meinten sogar, das wäre eine Klasse Soße gewesen. Da stellte ich Ihnen die leere Mehlwurmschachtel auf den Tisch. Sie machten große Augen und sahen sich entsetzt an und mein Ältester fing an zu würgen, doch bevor es zu spät war, mussten mein Ex und ich herzhaft lachen und erlösten die Kids. Die Rache war geglückt und die Kids doch sehr erleichtert.

Schwere Schränke

„Mama, ich räume schon die Teller weg!" Aber du weist doch gar nicht wohin!" „Doch, in den Prinztrinenschrank!" (Vitrinenschrank)

Dauerwelle

Ich habe meiner Mutter ab und an die Haare gemacht. Einmal war ich gerade dabei ihr die Lockenwickler in die Haare zu drehen, als mein kleiner Sohn fragte: „Mama, bist du jetzt die Frau... die Frau Söhse?" (Friseuse)

Warenkunde

„Mama, Rosinen, woraus werden die gemacht?" „Das sind getrocknete Weintrauben." „Haben die da die Luft rausgelassen?"

Unser 50.000 Kcal.- Hexenhaus, 2kg Mehl, 1kg Zucker, 1,5 kg Puderzucker, 1 große Tragetasche voll Süßigkeiten und diverse Backzutaten,. Endgewicht 8,5 kg.

The End

Ich beende nun hier und heute diese Buch. Meine wichtigsten Gedanken sind untergebracht. Ich fühle mich frei und erleichtert. Ich will ja auch niemanden langweilen. Außerdem warten noch ein paar große Dinge auf mich. Und wenn sie nun zufrieden dieses Buch zuklappen, dann habe ich eines dieser Dinge geschafft.

Wie, noch nicht genug?

Na gut! Ist ja noch etwas Platz hier im Büchlein:

Das Lied vom Verlieben

Was der Frühling mit uns macht,
wenn über uns die Sonne lacht,
ist das schönste Gefühl,
es hat Charme, es hat Stil.
Dringt nur ein einziger Sonnenstrahl
In ein tiefes dunkles Tal,
sind plötzlich alle Schatten weg,
und es ist schön an jedem Fleck.

Erste Blätter an den Bäumen
Und wir fangen an zu träumen.
Dem Winterfrust entrücken,
komm wir lassen uns entzücken
von der Blütenpracht
und vom grünen Gras,
Vogelgezwitscher
Und dies und das.

Zum ersten Mal im Eiscafé
Oder im Tretboot auf dem See
Lassen wir Sorgen Sorgen sein
Und es bleibt keiner lang allein.
Im Sonnenschein geben wir richtig Gas,
ein Küsschen,
und dies und das.

Und dann siehst du in zwei Augen
Und du kannst es gar nicht glauben,

Schwebst du plötzlich elfengleich
Und die Knie werden weich.
Herzklopfen, Gänsehaut
Die Hände ganz nass
Heiß-verliebte Blicke,
und dies und das.

Lesen Sie auch meinen erstes Buch:

Birgit Peters

EMILIA
UND
DER SCHWARZE
MAGIER

„Und es gibt sie doch…."

Ein Roman für Junge und Junggebliebene

Dies ist die Geschichte von Emilia Hottenstätt. Sie ist anders als die Menschen in ihrem Heimatdorf. Sie ist eine Hexe, so wie auch ihre Mutter eine Hexe war und sie glaubt, die letzte ihrer Art zu sein. Sie kämpft für Frieden und den Schutz der Unschuldigen und der Erhaltung der Welt und macht sich ihre Gedanken. Ein spannendes Abenteuer verlangt ihr viel ab. Sie lebt in einer Zeit, der heutigen Zeit, wo es Magie nur noch in der Fantasie der Kinder, vielleicht der Jugendlichen und der Junggebliebenen, gibt, und für die habe ich diese Geschichte geschrieben. Ich bin auch eine dieser Junggebliebenen und habe mir meine kindlichen Träumereien erhalten. Oft habe ich mir vorgestellt, wie gut es wäre, gäbe es sie wirklich, diese eine letzte gute Hexe. Dann wäre unsere Welt vielleicht um ein vielfaches schöner, gerechter, friedlicher.

© 2008 Birgit Peters
Herstellung und Verlag:
Books on Demand GmbH, Norderstedt
ISBN: 9783837082142

In Arbeit momentan:

Birgit Peters

EMILIA
UND
DER INDIANER-
DÄMON-

„Wer hätte das gedacht…."

Ein weiterer Roman für Junge und Junggebliebene